Würzburger Beiträge zur Designforschung

Reihe herausgegeben von
G. Schweppenhäuser, Würzburg, Deutschland
C. Bauer, Würzburg, Deutschland
M. Niederauer, Würzburg, Deutschland

Die Reihe *Würzburger Beiträge zur Designforschung* stellt ausgewählte Forschungsarbeiten des Masterstudiengangs »Informationsdesign« der Fakultät Gestaltung
vor. Designforschung heißt sowohl Forschung *über* Design als auch Forschung *mit*
Design und Forschung *durch* Design. Es geht um »visuelle Bildung« in verschiedenen Bereichen der Vermittlung von Informationen: Aufklärung, Instruktion und
Orientierung in einer multimedialen Lebens- und Arbeitswelt. Jeder Band enthält
bis zu drei ausgewählte Beiträge von AbsolventInnen plus einen Gastbeitrag von
renommierten WissenschaftlerInnen oder GestalterInnen.

Gestalterisch-wissenschaftlicher Beirat: Prof. Dr. Thomas Friedrich (Hochschule
Mannheim), Prof. Carl Frech, Prof. Gertrud Nolte und Prof. Erich Schöls (Hochschule für angewandte Wissenschaften Würzburg-Schweinfurt)

Weitere Bände in der Reihe http://www.springer.com/series/15981

Christian Bauer · Martin Niederauer
Gerhard Schweppenhäuser
(Hrsg.)

Gestaltung digitaler und politischer Wirklichkeiten

 Springer VS

Herausgeber
Christian Bauer
Hochschule für angewandte
Wissenschaften Würzburg-Schweinfurt
Würzburg, Deutschland

Gerhard Schweppenhäuser
Hochschule für angewandte
Wissenschaften Würzburg-Schweinfurt
Würzburg, Deutschland

Martin Niederauer
Hochschule für angewandte
Wissenschaften Würzburg-Schweinfurt
Würzburg, Deutschland

ISSN 2523-8787   ISSN 2523-8795   (electronic)
Würzburger Beiträge zur Designforschung
ISBN 978-3-658-21735-8   ISBN 978-3-658-21736-5   (eBook)
https://doi.org/10.1007/978-3-658-21736-5

Die Deutsche Nationalbibliothek verzeichnet diese Publikation in der Deutschen Nationalbiblio-
grafie; detaillierte bibliografische Daten sind im Internet über http://dnb.d-nb.de abrufbar.

Springer VS
© Springer Fachmedien Wiesbaden GmbH, ein Teil von Springer Nature 2018

Gedruckt auf säurefreiem und chlorfrei gebleichtem Papier

Springer VS ist ein Imprint der eingetragenen Gesellschaft Springer Fachmedien Wiesbaden
GmbH und ist ein Teil von Springer Nature
Die Anschrift der Gesellschaft ist: Abraham-Lincoln-Str. 46, 65189 Wiesbaden, Germany

„Forschung mit Design"

Vorbemerkungen der Herausgeber

Sofern sie sich denn überhaupt als Disziplin versteht, ist *Designwissenschaft* eine relativ junge Fachrichtung. Die akademische Professionalisierung der Designausbildung begann hierzulande vor rund 50 Jahren. Aus Werkkunstschulen wurden Gestaltungsfachbereiche an Fachhochschulen oder Kunsthochschulen. Heute fordern deren Vertreter von Hochschulleitungen und Ministerien finanzielle Mittel für eigene Forschungsprojekte. Zur Begründung können sie auf die enorme und beständig steigende Relevanz von Design als ökonomische und kulturelle Produktiv- und Vermarktungskraft verweisen. Das Zeitalter der Digitalisierung hat die Verwissenschaftlichung der modernen Produktionsweisen auf ein neues Niveau gehoben. Im Zuge des Prozesses der Verwissenschaftlichung, der innerhalb der „Design-Community" keineswegs einhellig begrüßt worden ist, wird debattiert, wie hoch der Forschungsanteil an Designfachbereichen sein sollte und ob es so etwas wie eine genuine „Designwissenschaft" und „Designforschung" überhaupt gibt. Was wären deren Gegenstände? Mit welchen Methoden wären sie zu erforschen, welche Forschungsziele wären anzuvisieren?

Mit diesen Fragen ist jedoch nicht nur die Designwissenschaft konfrontiert. Dass sich das Verhältnis von Design, Wissenschaft und Forschung verändert, ist lediglich Teil einer größeren Veränderung: der Veränderung von Wissenschaft allgemein. Daraus ergibt sich eine „globale" Perspektive, die wiederum mit „regionalen" und nicht zuletzt mit „lokalen" Perspektiven zu vermitteln ist.

Die „globale" Perspektive wurde bereits vor fast einem Vierteljahrhundert, auf nach wie vor relevante Weise, in einer Studie über *The New Production of Knowledge* beschrieben (Gibbons et al. 1994). Die deutsche Übersetzung erschien zehn Jahre später unter dem etwas dramatisierenden Titel *Wissenschaft neu denken. Wissenschaft und Öffentlichkeit in einem Zeitalter der Ungewißheit.* Die Autorinnen und Autoren dieser Studie untersuchten *The Dynamics of Science and Research in Contemporary Societies.* Die Reorganisation des wissenschaftlichen Sektors unter den Konditionen einer verschärften Weltmarktkonkurrenz, so eines ihrer Ergebnisse, habe unter anderem dazu geführt, dass sich Forschungsprozesse immer mehr aus ihren traditionellen Formen lösen und sozusagen unakademischer würden. Dominierte zuvor disziplinär orientierte wissenschaftliche Arbeit in herkömmlichen Sektoren, würde nun mehr und mehr projekt- und anwendungsorientiert geforscht. Dies verändere auch das Verständnis von wissenschaftlicher Forschung. So würden finanzielle Mittel für Forschungsvorhaben immer häufiger nur unter der Voraussetzung bereitgestellt, dass sie Disziplinen übergreifend angelegt sind und ihr konkreter Nutzen transparent gemacht wird. Entsprechend sehen sich Wissenschaftler weniger als Fachgelehrte innerhalb überlieferter Wissenschaftsgebiete und mehr als Praktiker der Wissensproduktion, die in Teams arbeiten, welche auf aktuelle Erfordernisse, Auftraggeber und Budgets zugeschnitten sind und sich ständig neu zusammensetzen. Die arbeitsteilige Trennung der Wissenschaftsbereiche wird demnach durch ein Bewusstsein des Zusammenhangs unterschiedlicher Bereiche sozialer Wissensproduktion abgelöst. Wissenschaft wird als ein Teil sozialer Praxis verstanden, der mit den anderen Teilen, nämlich mit Kultur und Wirtschaft, zusammenhängt (Gibbons et al. 1994: 1–16; Mareis 2010: 21). Nach dieser Auffassung, die die Autoren der britisch-schweizerischen Untersuchung als *mode 2* bezeichnen (im Gegensatz zum traditionell akademischen Wissenschaftsverständnis, dem sogenannten *mode 1*), ist das inzwischen verlangte, anwendungsbezogene Problemlösungswissen Resultat eines Zusammenspiels von Angebot und Nachfrage (Gibbons et al. 1994: 4). Die systemischen Regelkreise von Wissenschaft und Wirtschaft haben demnach offenbar eine Tendenz zu konvergieren.

„Regionale" Perspektiven auf die Transformationen des Verständnisses von Wissenschaft entstehen dort, wo einzelne Wissenschaften um ein zeitgemäßes Selbstverständnis ringen – und eben auch in den Regionen, wo es um Tätigkeiten geht, die bis dato, d. h. im *mode 1,* von den Akteurinnen und Akteuren eher als nicht-wissenschaftliche oder protowissenschaftliche Tätigkeiten gesehen wurden. In unserem Fall: dort, wo Design produziert wird und wo Designerinnen und Designer ausgebildet werden. Die Tätigkeit des Entwerfens war seit der Ära der industriellen Massenproduktion und der visuellen Vermarktung der Erzeugnisse immer wieder in wissenschaftlich-technische Vorgänge involviert; hierbei auf engste Verflechtung zu dringen, war das Markenzeichen der Designavantgarde. Doch zur tiefgreifenden Verwissenschaftlichung auf diesem Gebiet kam es erst später. Jene

Verwissenschaftlichung kann als regionale Erscheinung des allgemeinen Übergangs von *mode 1* zu *mode 2* rekonstruiert werden.

Naturgemäß findet diese Debatte weniger in Designbüros statt und eher dort, wo Gestalterinnen und Gestalter ausgebildet werden. Artikulation und Selbstreflexion der Designwissenschaft haben in den letzten Jahren durch die Gründung von Forschungsgesellschaften und durch regelmäßige Fachtagungen im internationalen Rahmen nachhaltigen Auftrieb erhalten. Anerkennung unter Experten finden neue Erkenntnisse nur dann, wenn sie intersubjektiver Überprüfbarkeit zugänglich sind, aus der im Idealfall ein Konsens unter Experten hervorgehen kann. Und nur dann, wenn adäquate, anerkannte Verfahren zur Prüfung und Deutung angewendet werden. Die Selbstverständigung über die Standards der Disziplin ist keineswegs abgeschlossen; sie ist in vollem Gange.

In weiten Teilen der Design-Fachgemeinschaft herrscht Konsens, dass im Prinzip zwei Auffassungen der methodischen Formatierung zu unterscheiden sind: Designforschung kann Forschung *über Design* bedeuten, aber auch Forschung *durch Design*. Wenn *Forschung über Design* stattfindet, gelten die Diskursregeln, Methoden und Dispositive der Kulturwissenschaften – insbesondere aus den Kunst- und Sozialwissenschaften sowie aus der Bildwissenschaft, die selbst eine relativ junge kultur- und gestaltungswissenschaftliche Disziplin ist. Wenn *Forschung durch Design* stattfindet, geht es darum, neue gestalterische und wissenschaftlich interdisziplinäre Methoden zu entwickeln, mit deren Hilfe entwerferische Innovation und kategoriale Reflexion miteinander verbunden werden können. Die Projektierung und Durchführung von *Forschung durch Design* (und die wissenschaftlich-theoretische Reflexion der Ansätze, Umsetzungen und Ergebnisse) stehen vor einer speziellen Herausforderung: Sie müssen neue Methoden und Formen der Beschreibung und Versprachlichung aus dem Feld der Kommunikations- und Produktgestaltung entwickeln, und diese neuen Methoden und Formen der Beschreibung und Versprachlichung müssen wiederum mit denen der Natur-, Sozial- und Kulturwissenschaften kompatibel sein.

In diesem Kontext steht auch die „lokale" Perspektive, die wir an der Fakultät Gestaltung der Hochschule für angewandte Wissenschaften Würzburg-Schweinfurt (FHWS) stark machen möchten. Wir schlagen eine dritte Auffassung der methodischen Formatierung – neben Forschung *über Design* und Forschung *durch Design* – vor. Sie lautet schlicht: *Forschung mit Design*. Gemeinsam mit den Gestalterinnen und Gestaltern begleiten und strukturieren die Lehrenden der wissenschaftlichen Fächer an unserer Fakultät die Arbeiten im Masterstudiengang „Informationsdesign" von Anfang an. Die Studierenden bewerben sich zur Aufnahme in den Studiengang bereits mit einem auf drei Semester angelegten

Entwurf für ein Forschungs- bzw. Entwicklungsprojekt. Ihr Studium besteht aus der gestalterischen Entwicklung des Entwurfs in Verbindung mit einer Forschungs- oder Entwicklungsfrage im Kontext einer intensiven wissenschafts- und kulturtheoretischen Reflexion. Dabei werden zeitgenössische Formen und Praktiken des Informierens und Kommunizierens sowohl in empirischer wie auch theoretischer Hinsicht kritisch erörtert. In enger Zusammenarbeit mit den Dozentinnen und Dozenten der Fakultät entwerfen und realisieren die Studierenden ein Designprojekt, dass nicht nur den *state of the art* des jeweiligen Untersuchungsgegenstandes abbildet, sondern einen – auf genuine Weise erkenntnisgenerierenden – Beitrag zur Bearbeitung der Forschungs- oder Entwicklungsfrage leistet. Als *surplus* entsteht eine Perspektive auf zukunftsträchtige Gesellschaftsentwürfe.

Bislang ist das im Masterstudiengang „Informationsdesign" generierte Wissen dem Publikum in den regelmäßig stattfindenden Ausstellungen der Fakultät vorgestellt worden. In der Reihe *Würzburger Beiträge zur Designforschung,* die der vorliegende Band eröffnet, werden nun ausgewählte Abschlussarbeiten des Masterstudiengangs der wissenschaftlichen Öffentlichkeit zugänglich gemacht. Jeder Band enthält Forschungsarbeiten in komprimierter Zusammenfassung sowie einen Gastbeitrag von einer Designwissenschaftlerin oder einem Designwissenschaftler, die dem Würzburger Ansatz nahestehen.

Der Name „Informationsdesign" löst im Lehrbetrieb mitunter Irritationen aus. Häufig wird er auf die visuelle Aufbereitung statistischer Daten reduziert, die lediglich dem Informationsaustausch oder einem mehr oder minder mechanischen Informationsabgleich dienen. Wird Informationsdesign von dieser Engführung befreit, erweitert sich das Potenzial. Dann handelt es sich um nichts Geringeres als um eine Gestaltung von Informationen, die praktische Orientierungshilfe in der multimedialen Lebens- und Arbeitswelt bietet. Kommunikation ist mehr als bloß der Austausch von Informationen: Kommunikation ist eine Form der Interaktion, eine Form sozialen Handelns. Damit ist nicht nur strategisches Handeln gemeint, sondern vor allem verständigungsorientiertes. Diesen Unterschied durch Gestaltung sichtbar und verständlich werden zu lassen, ist Intention und Programmatik des Masterstudiengangs „Informationsdesign" an der Würzburger Fakultät Gestaltung. Wir sind der Überzeugung, dass sich Informations- und Kommunikationsdesign nicht in der Inszenierung werblich-strategischer Ansprache erschöpfen, sondern an Aufklärung teilhaben kann und soll – an Aufklärung mit den Mitteln visueller Gestaltung.

In diesem Sinne wird an der Fakultät Gestaltung in Würzburg Informationsdesign gelehrt, studiert und in Entwürfe besserer Zukünfte übersetzt. Als ein wichtiger Beispielgeber dabei fungiert Otto Neurath, der als Nationalökonom,

Sozioingenieur und Gestalter Brücken zwischen verschiedenen Disziplinen geschlagen hat, um einer neuen Auffassung von Informationsdesign den Weg zu bahnen. Seine Überzeugung und seine Arbeitspraxis bestanden darin, durch den Einsatz wissenschaftlicher Methoden und durch den Einsatz der avanciertesten gestalterischen Mittel zur Verbesserung der sozialen Beziehungen beizutragen bezüglich 1) einer vernünftigen Organisation von Sachmitteln, 2) einer volks-pädagogischen Aufklärung im Geiste der parlamentarischen Demokratie und 3) einer Steigerung sozialer Gerechtigkeit. Diese Ansprüche haben Neurath und sein Team in die konkrete Gestaltungspraxis übertragen; stets auf der Suche nach den neuesten Erkenntnissen der Ökonomik, der Sozialwissenschaften, der Wis-senschaftstheorie u. a. In einer Würzburger Masterthesis wurde Neuraths Ansatz kürzlich kreativ auf einen neuralgischen Punkt der medienöffentlichen Debatte über europäische Finanz- und Wirtschaftspolitik angewendet (Martini 2017).

In diesem Sinn kommt es heute auch darauf an, sich der oben angesproche-nen Konvergenz der Regelkreise von Wissenschaft und Wirtschaft nicht einfach zu unterwerfen. Der kritische Eigensinn der Sozial und Kulturwissenschaften ist auch in Gestaltungsmodellen zur Geltung zu bringen, welche dem soziokulturellen Ziel der Mündigkeit von Menschen verpflichtet sind, die sich auf dem Stand der digita-len Kommunikationstechniken miteinander und über sich selbst verständigen.

Diese Erläuterungen mögen die Grundlagen unserer Anstrengungen in der Einheit von Lehre und Forschung wie auch im Arbeitsbündnis von Lehrenden und Lernenden verdeutlichen. Uns ist es wichtig, die Zukunft der Gestaltung mit ihrer Herkunft aus der Moderne und deren Avantgarden in Design, Kunst und Wissenschaft zu vermitteln. Vorrangiges Anliegen ist, die gewonnenen Erkennt-nisse auf eine Weise zu veranschaulichen, die sich einer Aneignung leicht erschließt und sozial wirksam werden kann.

Die in diesem Band versammelten Beiträge zur angewandten Designforschung sind daher auch als Beiträge zur Etablierung einer kritischen und zukunftsfähigen Öffentlichkeit zu verstehen. Die fortgesetzte Arbeit an einer transformationssen-siblen Entwurfs- und Gestaltungspraxis möchte darüber hinaus wissenschaftlich unterbaut und in ihren Begründungen objektiv nachvollziehbar sein. Erst dann handelt es sich auch um ein voll diskursfähiges und dem Ziel der Demokratisie-rung des Wissens verpflichtetes Informationsdesign.

Alle hier präsentierten Arbeiten eröffnen ein breites Reflexions- und Hand-lungsspektrum. Was ihnen gleichwohl gemeinsam sein dürfte, ist ihr Interesse an sozialen Verhältnissen, die humaner und gerechter gestaltet werden sollten. Im Geist des kritischen Urteilsvermögens sind die Arbeiten zugleich Zeugnisse rei-fender individueller Autorenschaft.

Simon Gogolin widmet sich unter dem Titel „Civic Design" dem Instrument einer zivilen Governance. Die theoretische Begründungsleistung für dieses Instrument orientiert sich an gegenwärtigen politik-, design- und medienwissenschaftlichen Studien zur Veränderung der Rahmenbedingungen für die gelebte Demokratie. Auf der designpraktischen Seite hat Gogolin eine Smartphone-Application namens „necs" (=„new european civil society") zur Bürgerbeteiligung an politischen Entscheidungsfindungsprozessen konzipiert. Hierbei handelt es sich um ein politisches Medium, dem der Gedanke der Partizipation innewohnt. Die Idee von Gogolins „necs"-System wird derzeit unter dem Namen „Wepublic" weiterentwickelt. Zur Bundestagswahl 2017 wurde ein öffentlicher Live-Prototyp erprobt, die Bürgerdialog-App „+me".[1]

Kathrin Königl verfolgt das Ziel, Informationen so zu gestalten, dass es wahrscheinlicher wird, sie nicht nur unter dem Aspekt ihres Tauschwerts zu verwenden. Stattdessen sollen sie in sozialen Kontexten Verwendung finden, in denen die Gedanken des nachhaltigen Wirtschaftens, der Suffizienz, Konvivialität und Subsistenz so umgesetzt werden, dass dadurch der Handlungsraum individueller und gesellschaftlicher Selbstbestimmung erweitert werden kann. Dieser Intention verpflichtet, hat Königl eine Online-Plattform zur Vernetzung von bestehenden Ansätzen zur Postwachstumswirtschaft und -gesellschaft entwickelt, die in der Region Würzburg bereits wirksam sind. Der Titel der Plattform „Wandelmut" signalisiert den Geist des Transformationsdesigns und die Freude am Erfahrungsaustausch.

Stefan Wagner hat unter dem Titel „(l)oop" ebenfalls den Erfahrungszugewinn zum Gegenstand, in seinem Falle jedoch den Zugewinn durch spieltypische Elemente des Informationsdesigns. Seine Arbeit handelt von Gameflow-Erfahrungen, wie sie für Simulationen in virtuellen Welten eigentümlich sind. Bei Wagners praktischer Arbeit handelt es sich um eine Virtual-Reality-Installation, in der gamifizierte Lernerfahrungen gemacht werden können. Es geht dabei letztlich um eine *emendatio intellectus*, eine aufklärerisch intendierte Optimierung der Verstandeskräfte für Menschen jeden Alters, die der Intention eines mündigeren Umgangs in digital-gamifizierten Sphären folgen wollen. Durch ein spezielles Interface kann gezielter Zugriff auf den Code des Spielprogramms und damit ein Gutteil der Konstruktionsbedingungen der Simulation genommen werden. Den

---

[1]Siehe http://t3n.de/news/bundestagswahl-2017-fragen-politiker-parteien-847352/ (letzter Abruf am 11.09.2017).

Code der Videospiel-Simulation offenzulegen, ist, im Sinne einer Philosophie des Öffentlich-Machens von Basistechnologien der Vernetzung im 21. Jahrhundert, ein Akt von sozialer Bedeutung.

Wir freuen uns, dass wir im Rahmen dieser neuen Buchreihe mit Ergebnissen aus der Würzburger Designforschung einen Kollegen aus der Soziologie für den ersten Gastbeitrag gewinnen konnten. Der Gießener Soziologe *York Kautt* tritt in seinem Essay „Soziologie und Design – für ein transdisziplinäres Forschungsprogramm" dafür ein, den Primat der ästhetisch-ethischen und normativen Betrachtung des Gegenstandsbereichs nicht überhand nehmen zu lassen. Vielmehr gelte es, die Betrachtung durch soziologische Deskription zu kontrollieren, ohne dabei jedoch in einen vermeintlich wertfreien Soziologismus zu verfallen. Damit werden Bezüge offengelegt, an denen Theorie und Praxis des sozialsensiblen wie ethisch zurechenbaren Designs sich wird bemessen lassen.

Würzburg   Christian Bauer
Juni 2018   Martin Niederauer
                                                                 Gerhard Schweppenhäuser

Literatur

Gibbons, Michael et al. (1994): The Dynamics of Science and Research in Contemporary Societies. London, Thousand Oaks, New Delhi: Sage; dt. (2014): Wissenschaft neu denken. Wissenschaft und Öffentlichkeit in einem Zeitalter der Ungewißheit, Weilerswist: Velbrück.
Mareis, Claudia (2010): Entwerfen. Wissen. Produzieren. Einleitung, in: Claudia Mareis, Gesche Joost u. Kora Kimpel (Hrsg.), Entwerfen. Wissen. Produzieren. Designforschung im Anwendungskontext, Bielefeld: Transcript, 9–32.
Martini, Benedikt (2017): Manipulation oder Information? Politisches Kommunikationsdesign in der „Postdemokratie", Hamburg: VSA.

Inhaltsverzeichnis

Autorenverzeichnis

Simon Gogolin, M.A. Informationsdesign, B.A. Kommunikationsdesign (Jg. 1991), ist UX Konzepter und Information Designer sowie Co-Initiator der Initiative *Wepublic* (https://wepublic.me) und Alumnus des *AndersGründer*-Programms (https://andersgruender.eu) der Social Impact gGmbH. Er arbeitet im Bereich digitale Medien, derzeit bei Cologne Intelligence. Seine Schwerpunkte liegen auf dem Gebiet der Innovationsentwicklung und Konzeption von Civic-Tech Services durch den Einsatz von Designforschungsmethoden zur Begünstigung verständigungsorientierter Kommunikation zwischen der Zivilgesellschaft und den politischen Akteuren.

York Kautt, PD Dr. (Jg. 1968), studierte Visuelles Kommunikationsdesign an der Universität Essen (Diplom). Er vertritt derzeit die Professur für Mediensoziologie an der Universität Gießen. Seine Forschungsschwerpunkte sind Medien- und Kultursoziologie, visuelle Kommunikation, Food-Studies und Methoden der qualitativen Sozialforschung. Publikationen (u. a.): *Soziologie visueller Kommunikation*, Wiesbaden: Springer VS, im Erscheinen; *Globalised Eating Cultures: Mediation and Mediatization*, New York: Palgrave, im Druck; „Grounded Theory als Methodologie und Methode der Analyse visueller Kommunikation", in: *Forum Qualitative Sozialforschung* 18 (3); „Designing Age: Fragestellungen, Konzepte, Praktiken", in: *Designing Age*, Themenheft der Zeitschrift *Medien & Altern. Zeitschrift für Forschung und Praxis*, Heft 2 (2016), München: kopaed, S. 5–14 (mit Dirk Medebach); *Image. Zur Genealogie eines Kommunikationscodes der Massenmedien*, Bielefeld: transcript, 2008.

Kathrin Königl, M.A. Informationsdesign, B.A. Journalistik-Medienmanagement (Jg. 1985), ist freiberufliche Informationsdesignerin (www.loform.de), Fotografin (www.kathrinkoenigl.de) und Journalistin. Sie arbeitete u. a. in der Pressestelle der Hochschule Magdeburg-Stendal und als Redakteurin für den DAAD.

Ausstellungen (u. a.): *Geduldet: Flüchtlinge in Sachsen-Anhalt* (Wanderausstellung in Sachsen-Anhalt in Zusammenarbeit mit der Landtagsfraktion Bündnis 90/Die Grünen, 2013–2016); *Geflüchtet* (Wanderausstellung in Sachsen-Anhalt in Zusammenarbeit mit dem EINE WELT Netzwerk Sachsen-Anhalt e. V., Landeszentrale für politische Bildung Sachsen-Anhalt, 2015).

Stefan Wagner, M.A. Informationsdesign, B.A. Kommunikationsdesign (Jg. 1987), ist wissenschaftlicher Mitarbeiter im Steinbeis-Forschungszentrum Design und Systeme und Lehrbeauftragter an der FHWS Fakultät Gestaltung Würzburg. Er arbeitet im Bereich digitale Medien mit Schwerpunkt 3D-Echtzeit-Anwendungen und -Visualisierung. Ausstellungsbeteiligungen: *Future of StoryTelling Summit* (2016, New York); *DMY International Design Festival* (2016, Berlin); design.digital 3 (2012, Würzburg); *B-Seite. Festival für visuelle Kunst und Jetztkultur* (2011, Mannheim). Veröffentlichungen: Code Like a God in Virtual Reality Video Game ‚Loop', in: *Vice Creators,* 2016; Output Gebirge, in: *form N° 254,* 2014; Become One – Big Data, in: *DOTS Digital Arts Magazine,* 2014; Sightseeing im Foursquare-Gebirge, in: *Weave 06/2013.* Auszeichnungen: *German Design Award 2015,* Nominierung als Newcomer; *Output Award 2014,* Grand Prix; *Art Directors Club für Deutschland e. V.* Newcomer Awards 2014, Bronze; *Hans-Wilhelm Renkhoff-Stiftung* 2012.

Civic Design. Zivilisierung der globalen Governance mit den transformatorischen Potenzialen des Designs

Simon Gogolin

Welchen Beitrag können Designer[1] für den Umgang mit globalen gesellschafts-politischen, ökologischen und sozialen Herausforderungen leisten? Um der Antwort auf diese Frage näherzukommen, werden im Folgenden Zusammenhänge und Beziehungen behandelt, in die Design, Gesellschaft, Politik und Wirtschaft eingebettet sind. Am Beginn steht die These, dass Design als Strategie zur Bearbeitung politischer Themenstellungen in der Lage sein kann, gesellschaftliche Transformationsprozesse einzuläuten. Damit ist eine weitere Grundthese angedeutet: Design, seine theoretische Annäherung sowie sein Charakter und seine Funktionen sind mit der ethischen Fragestellung verknüpft, wie gelingendes Leben aussieht. In diesem Beitrag sollen gesellschaftspolitische und ethische Zusammenhänge erläutert werden, in denen Design steht. Zudem soll beschrieben werden, wie gesellschaftliche Transformationsprozesse ablaufen, was Politik heute bedeutet und wie Design und dessen Produkte gesellschaftliche und politische Entwicklungen bedingen. Anschließend wird ein Selbstverständnis von Design formuliert, aus dem sich gesellschaftlich relevante Aufgaben- und Tätigkeitsfelder ableiten lassen. Damit wird vorgeschlagen, Design und seine Qualitäten über eine Charakterisierung seiner gesellschaftspolitischen und ethischen

---

[1]Ich verwende in diesem Beitrag das generische Maskulinum. Entsprechende Begriffe gelten hier bedingungslos für alle Menschen gleich.

S. Gogolin (✉)
Frankfurt am Main, Deutschland
E-Mail: info@simongogolin.net

© Springer Fachmedien Wiesbaden GmbH, ein Teil von Springer Nature 2018
C. Bauer et al. (Hrsg.), *Gestaltung digitaler und politischer Wirklichkeiten,* Würzburger Beiträge zur Designforschung,
https://doi.org/10.1007/978-3-658-21736-5_1

Implikationen zu definieren. Im zweiten, designpraktischen Teil dieses Beitrags wird ein konzeptioneller Entwurf vorgestellt, der als Diskussionsgrundlage und Visualisierung der Potenziale des zuvor formulierten Designverständnisses dienen soll.

1   Gesellschaft

Um verstehen zu können, wie Design soziale Veränderungen bedingen kann, sollte man sich klarmachen, dass Gesellschaften komplexe Systeme sind, die sich in einem ständigen Wandlungs- und Rückkopplungsprozess mit sich selbst befinden. Gesellschaftliche Strukturen stehen in ständiger Wechselwirkung mit den Persönlichkeitsstrukturen ihrer Mitglieder. Die Veränderungen von Gesellschaften in all ihren Dimensionen kann also grundsätzlich als normaler „work in progress" angesehen werden.

Die Konzepte und Analysen der Soziologen Bernd Sommer und Harald Welzer sind hilfreich, um die Eigenlogiken gesellschaftlicher Transformationsprozesse strukturell zu verstehen. Sommer und Welzer beziehen sich bei ihren Analysen auf ein „dreistufiges Modell des sozialen Wandels" (Sommer und Welzer 2014: 103) von Norbert Elias (vgl. ebd.: 98–105; Elias 1987). Demzufolge lassen sich gesellschaftliche Prozesse in (1.) eine funktionale bzw. strukturelle, (2.) eine institutionelle und (3.) eine habituelle Dimension einteilen (vgl. Sommer und Welzer 2014: 97–109).

(1) Die funktionale Ebene lässt sich auch als die von Ökonomie, Wissenschaft und Technik bezeichnen. Hier ist die kapitalistische Wachstumslogik verankert, was diese Ebene insgesamt sehr dynamisch macht. Zugleich ist der Grad an gesellschaftlichen Interdependenzen hoch, da sie die wirtschaftliche Infrastruktur einer Gesellschaft darstellt und direkt mit dem Lebensstandard der Individuen verknüpft ist – womit ihr ebenso eine starke Formkonstanz zu Eigen ist. Gesellschaftliche Wandlungsprozesse, die sich auf dieser Ebene vollziehen oder von ihr ausgehen, besitzen meist eine starke Eigendynamik, da sie Pfadabhängigkeiten folgen. Eine plötzliche Kehrtwende einer Entwicklung ist beinahe ausgeschlossen. Beispielsweise kann man davon ausgehen, dass eine Gesellschaft, die über eine ausgeprägte Straßenverkehrsinfrastruktur verfügt, die auf ein hohes Maß an Verkehr ausgelegt ist, nicht innerhalb kurzer Zeit auf ein vollkommen anders organisiertes Mobilitätskonzept umsteigen wird. Dafür sind die damit verknüpften innergesellschaftlichen Abhängigkeiten, etwa die Zahl der Arbeitsplätze, viel zu groß.

(2) Die institutionelle Ebene bildet den Ordnungsrahmen einer Gesellschaft. Hier werden Aufgaben *vergesellschaftet* und in Organisationsformen gebracht. Es ist die Ebene der Staaten und des Rechts. Die institutionelle Ebene ist wenig dynamisch, denn sie soll einen formkonstanten Rahmen für die Gesellschaft garantieren. Fraglos ist die Stabilität der Institutionen für die Funktionalität der Gesellschaft von großer Bedeutung; ohne einigermaßen verlässliche Konstanz der rechtlichen und institutionellen Gegebenheiten lassen sich eine komplexe Wirtschaft oder soziale Sicherungssysteme kaum errichten. Die einzelnen Gesellschaftsmitglieder sind bei ihrer privaten Lebensplanung auf eine gewisse Kontinuität angewiesen.

(3) Die habituelle Ebene kann als die des Denkens und Handelns und der kulturellen Praktiken verstanden werden. Sie bildet eine „mentale Infrastruktur" der Gesellschaft; hier kommt es zur Gewissensbildung sowie zur Entstehung von Problembewusstsein und „Wir-Vorstellungen" (ebd.: 103). Es ist jedoch auch die Ebene der Gewohnheiten; deswegen sind hier die Beharrungstendenzen meist recht ausgeprägt. Man kann davon ausgehen, dass die meisten Menschen nicht möchten, dass sich die Bedingungen ihrer Lebensrealität von heute auf morgen grundlegend ändern.

Alle Ebenen dieses Modells sind zwar formal (und begrifflich) voneinander getrennt, jedoch in ihrer wechselseitigen Bedingung eng miteinander verbunden. Obwohl sich die drei Ebenen in ständiger Wechselwirkung miteinander und Abhängigkeit voneinander befinden, vollziehen sich soziale, politische, wirtschaftliche und technologische Entwicklungen nicht gleichzeitig (vgl. ebd.: 98–106). Im europäischen Maßstab wird dies anhand von Begriffen wie dem „Europa der zwei Geschwindigkeiten" ersichtlich. Dieser Ausdruck repräsentiert den Umstand, dass die europäischen Gesellschaften der Mitgliedsstaaten auf institutioneller und habitueller Ebene oft nicht zeitgleich imstande sind, die nächsten Schritte der europäischen Integration zu gehen, während die Wirtschaft auf struktureller bzw. funktionaler Ebene sie bereits praktizieren. Wandlungsprozesse vollziehen sich also nicht auf allen Ebenen einer Gesellschaft gleich schnell. Meist vollzieht sich ein Wandel auf institutioneller und habitueller Ebene deutlich langsamer als auf der strukturellen Ebene (vgl. ebd.: 103–105). Folgen wir diesen Gedanken, lässt sich erahnen, wie gesellschaftliche Strukturen mit Persönlichkeitsstrukturen in Wechselwirkung stehen können.

Derzeit lassen sich einige Faktoren erkennen, die vermuten lassen, dass die starken Veränderungen der Digitalisierung auf struktureller Ebene im Begriff sind, zu massiven Veränderungen auf habitueller und eben auch auf institutioneller Ebene zu führen. Internet und soziale Medien haben dominante gesellschaftliche Interaktionsoptionen und -gewohnheiten innerhalb weniger Jahre drastisch verändert.

Mit Verweis auf die Einteilung der Menschheitsentwicklung in Vorgeschichte und Geschichte spricht Luciano Floridi von der Notwendigkeit anzuerkennen, dass Erfindungen und Entwicklungen in der Informations- und Kommunikationstechnik (IKT) den eigentlichen Unterschied ausmachen zwischen den Menschen, die wir waren, denen, die wir heute sind und denen, die wir zukünftig sein könnten (Floridi 2015: 17). Erst mit dem Vorhandensein von Systemen, mit denen Ereignisse aufgezeichnet werden und mit denen sich Informationen sammeln und übertragen lassen, so Floridi, konnten sich die Erfahrungen und Erkenntnisse der Generationen aufsummieren. Floridi (ebd.: 17–22) fügt der Einteilung der Menschheitsgeschichte ein drittes Zeitalter hinzu: Vorgeschichte, Geschichte und Hypergeschichte. Ihm zufolge sagen diese drei Zeitalter nicht primär etwas darüber aus, wann die Menschen lebten, sondern darüber, wie sie leben. Die meisten leben demzufolge heute in Gesellschaften, die sich zur „Aufzeichnung, Übertragung und Verwendung von Daten aller Art auf IKT verlassen" (ebd.: 20) – in einem geschichtlichen Zeitalter. Allerdings gibt es heute bereits Menschen, die in hypergeschichtlichen Gesellschaften leben. In diesen „Gesellschaften und Lebenswelten" sind die Informations- und Kommunikationstechniken „nicht bloß wichtige, sondern essenzielle Voraussetzungen für die Erhaltung und weitere Förderung des Wohlstands aller und jedes Einzelnen" (ebd.). Floridi zählt dazu namentlich sämtliche Mitglieder der G7, da dort das Bruttoinlandsprodukt „zu mindestens 70 Prozent von immateriellen Gütern, die mit Information zusammenhängen, getragen wird" (ebd.). Charakteristisch für hypergeschichtlich lebende Gesellschaften ist demnach eine Abhängigkeit der Gesellschaft und des Einzelnen von immaterieller Information, Kommunikation und den dafür notwendigen Techniken. Hier verlagern sich zunehmend Lebensbereiche und -bedingungen in eine Sphäre digitaler Information – die „Infosphäre". Auf diese Weise vergrößern sich die Einflussmöglichkeiten von informations- und kommunikationstechnischen Akteuren – Konzernen, Finanzinstituten, Netzwerken, nichtstaatlichen Organisationen und Geheimdiensten – auf gesellschaftliche Entwicklungen. Auch zivilgesellschaftlichen Akteuren fällt es durch die Digitalisierung zunehmend leichter, ihre politischen Interessen mit digitalen Medien zu vertreten bzw. den politischen Diskurs in ihrem Sinne zu beeinflussen. Hieraus lässt sich schließen, dass politische Machtstrukturen bereits einem starken Wandel unterworfen sind. Im Folgenden wird dieser Wandel unter dem Begriff der „Governance" zur Sprache kommen und gefragt werden: Wie wirken sich diese Wandlungen auf unser politisches System aus? Was bedeuten sie für die politischen Konzepte, die unserer Gesellschaft zugrunde liegen?

2   Politik & Governance

Aus dem Modell gesellschaftlicher Wandlungsprozesse nach Sommer und Welzer ergibt sich, dass die institutionelle Ebene, der das politische System zugeordnet werden kann, die Aufgabe besitzt, die Stabilität politischer und rechtlicher Verfahren zu garantieren. Die häufig als träge und ineffizient kritisierten Staatsorgane und Exekutivbehörden scheinen ihre Aufgabe, einen möglichst formkonstanten Ordnungsrahmen zu garantieren, in den meisten hochentwickelten Staaten gut zu erfüllen. Die Einhaltung politischer Verfahrensweisen kann in den europäischen Staaten weitgehend als gewährleistet gelten. Doch wie wirken sich langfristige Transformationsprozesse auf die Institutionen und die ihnen zugrunde liegenden politischen Konzepte aus?

Die Ideengeschichte der Demokratie zeigt, dass der Demokratiebegriff keineswegs unabänderlich ist. Das Verständnis von Demokratie war immer schon durch vorherrschende gesellschaftliche Verhältnisse bedingt und wurde immer wieder aufs Neue adaptiert. Platon und Aristoteles charakterisierten die Demokratie als eine schlechte Herrschaftsform. Platon ging davon aus, dass die Bürger durch unbegrenztes Freiheitsstreben die Demokratie in ihr Gegenteil, die Tyrannei, verkehren würden; Aristoteles ordnete die Demokratie denjenigen Herrschaftsformen zu, die am Eigennutz der Herrschenden und nicht am Gemeinwohl orientiert sind. Erst Jean-Jacques Rousseau entwickelte vor dem Hintergrund der sich anbahnenden Veränderungen der Machtverhältnisse im 18. Jahrhundert einen positiven Demokratiebegriff, der als ein Vorläufer des modernen gelten kann (vgl. Becker 2012: 164 f.).

Auf gleiche Weise, wie der Begriff der antiken Republik in der amerikanischen und französischen Revolution 1776 und 1789 umgedeutet wurde (vgl. ebd.: 165), damit er in den damals neuen Rahmen der Nationalstaaten passte, erleben wir heute, wie der Demokratiebegriff modifiziert wird, um ihn auf (geo-)politische Großräume wie etwa die Europäische Union und auf globale Maßstäbe anwendbar zu machen. Wandlungen im Verständnis und der Auslegung von grundlegenden politischen Konzepten sind als Normalfall anzusehen. Henning Ottmann (2012: 390) zufolge lassen sich derzeit „semantische Verschiebungen" im Demokratiebegriff feststellen.

Tatsächlich lässt sich heute beobachten, dass Unternehmen, Finanzinstitute, private Netzwerke und global agierende zivilgesellschaftliche Akteure in der Lage sind, das politische Weltgeschehen auf verschiedenen Ebenen zu beeinflussen, indem sie einen enormen Einfluss auf den politischen Diskurs und die Deutung politischer Sachverhalte ausüben.

Floridi (2015: 223 ff.) skizziert eine Entwicklung, an deren Beginn im 17.
Jahrhundert zentral regierte Staaten noch die einzigen Akteure waren, die über
eine Kommunikations- und Informationsinfrastruktur verfügen konnten. Da die
Informations- und Kommunikationstechnologie für zentralistisch regierte Staaten
notwendig waren, um ihre Macht und Souveränität gegenüber anderen Staaten
zu behaupten, förderten sie ihre stetige Weiterentwicklung. In der bürgerlichen
Gesellschaft konnten sich zunehmend private Kommunikations- und Informati-
onsinfrastrukturen etablieren. Im Zuge dessen bildeten sich Informationsgesellschaften heraus und es begann eine stetige informationelle Entmonopolisierung
der Nationalstaaten. Floridi (ebd.: 223) bezeichnet diese Entwicklung als „Aufstieg der Multiakteurssysteme": Der einst zentralistische Staat, der IKT als Mittel
zur Aufrechterhaltung von Gesetzes- und Rechtskraft, seiner politischen Macht
und der sozialen Kontrolle seiner Untertanen benötigte, entwickelte sich zu einem
modernen Staat. Für diesen ist die Gewaltenteilung kennzeichnend. Exekutive,
Legislative und Judikative kontrollieren sich durch den Einsatz von IKT gegenseitig. Im Zuge der Entwicklungen der IKT entstanden neben den Staaten jedoch
weitere Multiakteurssysteme mit realwirtschaftlichen, finanzwirtschaftlichen und
zivilen Hintergründen, die sich nun gegenseitig bedingen, kontrollieren und steuernd aufeinander einwirken. Demnach befinden wir uns heute nicht mehr in einer
staatlichen, sondern in einer systemischen Welt, die von einer Vielzahl von Akteuren gesteuert wird. Auf diese Weise entsteht Floridi zufolge aus einer staatlichen
Ordnung eine durch die IKT verursachte neue hypergeschichtliche Ordnung der
Multiakteurssysteme mit eher anomischem Charakter, die auf der Suche nach
ihrer inneren Balance ist (vgl. ebd.: 231 ff.).

Mit den Machtkonstellationen verändern sich zugleich die Voraussetzungen
der derzeit für unsere Gesellschaft grundlegenden politischen Konzepte. Dies
legt die Vermutung nahe, dass es in der Folge zu einer Umdeutung bzw. Anpassung dieser Konzepte kommen wird. Mit Verweis auf Dani Rodrik spricht Ulrike
Guérot (2016: 247) davon, dass bei der politischen Neuordnung eine Spannung
zwischen Globalisierung, Demokratie und Souveränität besteht. Alle drei Konzepte ließen sich in einer nationalstaatlich geordneten Welt nicht gleichzeitig
realisieren. Eines der drei Konzepte muss vernachlässigt werden. Guérot zufolge
stellt sich daher im internationalen wie im europäischen Maßstab die gleiche
Alternative: *Globalisierung und Demokratie* funktioniert nur ohne nationale Souveränität – *nationale Souveränität und Demokratie* ist nur ohne Globalisierung
möglich.

Die starke Eigendynamik der strukturellen Ebene schließt ein Wegfallen des
globalisierten Handels beinahe aus. Darüber hinaus ist es offenkundig, dass der
globalisierte Handel auf absehbare Zeit unabdingbar sein wird, um den materiellen

Lebensstandard aufrechtzuerhalten, was die Beharrungstendenzen auf habitueller Ebene festigt. Folgen wir Rodrik und Guérot, bleibt also die Frage, ob die nationale Souveränität oder die Demokratie künftig marginalisiert wird. Ein Hinweis darauf, dass es vielleicht doch die nationalstaatliche Souveränität sein wird, die im Spannungsverhältnis zwischen globalem Handel und Demokratie wegfallen wird, könnte darin liegen, dass sich seit einiger Zeit beobachten lässt, wie die wachsenden zwischenstaatlichen Interdependenzen, die mit der Globalisierung und mit der weithin als die „vierte Revolution" bezeichneten Digitalisierung einhergehen, dazu führen, dass politische Herausforderungen von transnationaler Bedeutung heute nicht mehr allein von Staaten bestritten werden können. Staaten, und besonders die Herkunfts- oder Heimatstaaten der einzelnen Bürger, sind nicht mehr die einzigen Adressaten für zivilgesellschaftliche Forderungen.

Zu einem ähnlichen Schluss kommen auch Andrea Jonjic, Papy Manzanza Kazeka, Daniel Metten und Flora Tietgen (Jonjic et al. 2016: 8 f.). Ihnen zufolge bewirkte die sinkende Relevanz der Herkunfts- und Heimatstaaten für transnationale zivilgesellschaftliche Forderungen bereits seit den 1990er-Jahren eine deutliche Zunahme transnationaler zivilgesellschaftlicher Organisationen.

In der Tat stellen wir fest, dass sich mithilfe von Netzwerken – z. B. Avaaz oder Plattformen wie Change.org – häufig sogar Millionen Menschen mit ihren zivilen Anliegen und Forderungen an staatliche, aber ebenso an nichtstaatliche Akteure auf der ganzen Welt wenden. Damit werden zivilgesellschaftliche Organisationen und Netzwerke zu einflussreichen transnationalen politischen Akteuren in einer globalen Governance (vgl. Kuhn 2015). Das Konzept der Governance bezieht sich auf Entwicklungen der Globalisierung und der Digitalisierung, wie sie die zuvor angesprochenen Analysen von Floridi nahelegen. Die skizzierte Auflösung des staatlichen Kommunikations- und Informationsmonopols, das Aufkommen von Informationsgesellschaften und der damit verbundene Aufstieg der Multiakteurssysteme schaffen ein politisches Milieu, das von privatwirtschaftlichen und zivilgesellschaftlichen Multiakteuren mitbedingt wird.

Bei dem Begriff der Governance handelt es sich jedoch nicht um ein Staatsmodell oder eine Regierungsform, sondern eher um eine „Regierungstechnik" (Ottmann 2012: 388). Governance kann als System bezeichnet werden, in das viele Akteure politisch steuernd eingreifen (vgl. ebd.: 388–393). Als Regierungstechnik hat Governance daher erst einmal nichts mit der Regierungsform Demokratie zu tun. Mehr noch: Governance könnte als antidemokratisch gelten. In einer Demokratie als Regierungsform geht alle Macht von den Bürgern aus. In einer Governance geht Macht nicht von den Akteuren aus, die die meisten Menschen repräsentieren, sondern von denen, die aufgrund ihrer faktischen Möglichkeiten das Geschehen am wirkungsvollsten steuern. Das können Banken und

Hedgefonds sein, Finanzinstitute, aber auch Multiakteure wie Soziale Netzwerke und multinationale Konzerne (Google, Amazon etc.) und die von ihnen bereitgestellten Services. Dies führt uns wieder zur Frage nach der Rolle des Designs, wie sie sich in einer globalisierten und digitalisierten Welt verändert und welche ethischen und sozialen Implikationen sich für das Design ergeben.

3 Design

Der Einblick in die Eigenlogiken gesellschaftlicher Transformationsprozesse und die Übersicht über die Auswirkungen auf unser politisches System und unsere politischen Konzepte haben verdeutlicht, dass sich die Machtverhältnisse innerhalb unserer Gesellschaft verschoben haben und sich voraussichtlich weiter verschieben werden. Dadurch verändern sich auch die sozialen und technischen Voraussetzungen für das Design. Denn sowohl Globalisierung als auch Digitalisierung stehen im Zusammenhang mit kommunikations- und informationstechnischen Produkten, sozialen Netzwerken, Plattformen oder informationellen, kommunikativen sowie sozialen Prozessen verschiedener Art, die alle wesentlich von Design durchdrungen sind. Deshalb gewinnt aber das Design nicht nur an Bedeutung – es wird auch zum Träger von Verantwortung. Designer entwerfen Kommunikationsmittel, Netzwerke, Schnittstellen, Interaktionsoptionen und -gewohnheiten. Damit präfigurieren sie auf struktureller und habitueller Ebene gesellschaftliche Transformationsprozesse.

Design ist also längst in das Spannungsfeld zwischen Gesellschaft, Wirtschaft und Politik eingetreten. Wie schwer aber wiegt die politische Dimension designerischen Schaffens? Wie sehen Designer ihr Verhältnis zu privatwirtschaftlichen, staatlichen und zivilgesellschaftlichen Multiakteuren? Wie handeln Designer als Teil der verschiedenen Multiakteursgruppen? Entwickeln sie auf designtheoretischem Gebiet ein eigenes Verständnis ihrer Akteursqualitäten? Welche ethische Dimension besitzt ihr Tun? Welche Maximen sollten sie ihrer Arbeit zugrunde legen? Um diese Fragen beantworten zu können, ist ein Selbstverständnis des Designs erforderlich, das heutigen Anforderungen und Bedingungen angemessen ist. Ein solches Selbstverständnis soll im Folgenden skizziert werden.

In der Designtheorie gibt es verschiedene Strömungen, die Design mit gesellschaftlichen Fragestellungen verbinden. Claudia Mareis zufolge haben diese die sozialen, politischen sowie ökologischen und damit ethischen Dimensionen und Auswirkungen im Blick, die das Gestalten von Dingen und Lebenswelten mit sich bringen (vgl. Mareis 2014: 198 ff.). Das Spannungsfeld von Design, Gesellschaft und Politik tritt im Zusammenhang mit Krisen und öko-sozialen Wandlungen besonders klar hervor (vgl. ebd.: 210–218). In diesem Kontext entstehen zunehmend Ansätze, die Design als politische „Erneuerungskraft" und als einen „existentiellen Handlungsmodus in Zeiten von Umbruch, Chaos, Orientierungslosigkeit, Ausnahme und Krise propagieren" (ebd.: 210 f.). Dort werden Fragen der Handlungs- und Verantwortungsethik in die Theorien des Designs mit aufgenommen. Zwar fällt es schwer, dem Design konkrete Aufgaben zuzuschreiben, weshalb es in diesem Kontext eher als „Kulturtechnik" oder als Handlungsmodus beschrieben wird (vgl. ebd.: 210 f.). Mareis (ebd.: 198) spricht von einer „einschneidenden Transformation" des Berufsbildes des Designers, welches sich aus dem „Kontext der industriellen Produktion zu einem Modus politischen Handelns" wandelt.

Hans Höger und Kerstin Stutterheim verweisen ebenso auf die politische Dimension des Designs. Design und Politik „sind Ausdruck des Willens, Strukturen zu ersinnen, die es ermöglichen sollen, zentrale Bereiche des menschlichen Alltags zu organisieren und positiv zu bewältigen" (Höger und Stutterheim 2005: 7). Design und Politik haben demzufolge direkten Einfluss auf die vielgestaltigen sozialen Prozesse, die „Gegenwart in Zukunft verwandeln" (ebd.). Man könnte davon sprechen, dass Politik – ähnlich wie Design – Zukunftsideen in der Gegenwart etabliert. Auf diese Weise bedingt Politik ebenso wie Design gesellschaftliche Entwicklungen. Beide Handlungsweisen läuten einen prozesshaften Wandel ein. Gestalterisches Tun, in Politik wie im Design, nimmt somit Einfluss auf die je individuelle Wahrnehmung der Umwelt und damit auf die Lebensformen, in denen wir denken und handeln (vgl. Bauer 2016: 64–90). Design weist eine soziale und gesellschaftliche Dimension auf, und damit gehen ethische Implikationen einher. Dieser Punkt wird im weiteren Verlauf immer wieder eine Rolle spielen, wenn vorgeschlagen wird, Design als eine Technik zur Zivilisierung (der globalen Governance) zu implizieren.

Michael Erlhoff (2013: 19) zufolge ist klar, dass nicht mehr nur die „vielen Produkte, die unser Leben bedingen, […] Resultate von Design und dessen Gebrauch sind", sondern dass es bei Design „um die Gestaltung und gestaltete Verbesserungen von Objekten, Zeichen (und Zeichensystemen) und Prozessen jeglicher Art" geht. Im Zuge einer solch dezidierten Öffnung des Designbegriffs kann der Eindruck entstehen, als sei einfach alles Design. Daher muss der Frage nachgegangen werden, „welche Gegenstände und Aufgaben unter dem Begriff ‚Design' sinnvollerweise subsumiert werden sollen, ohne dass dieser der völligen Beliebigkeit verfällt" (Mareis 2014: 13). Erlhoffs Hinweis auf den Zusammenhang von Design und dessen Gebrauch deutet allerdings erneut darauf, dass es sich bei Design um einen sozialen Prozess handelt, der seine Effekte erst durch die Anwendung des designten Artefakts und damit in einer Interaktion entfaltet.

Hieraus lässt sich schließen, dass Design die Wechselwirkungen zwischen den Menschen in einer Gesellschaft und damit die sozialen und politischen Prozesse bedingt, ähnlich wie wir es den Ansichten Högers und Stutterheims entnehmen konnten.

3.1   Charakterisierung

Der kurze Einblick in aktuelle Diskurse der Designtheorie legt die Vermutung nahe, dass es keine einheitliche und allgemeingültige Definition von Design und dessen Aufgaben geben kann. Doch vielleicht liegt die Schwierigkeit einer Theorie des Designs darin, dass Design – als etwas Prozesshaftes, das stets auf bereits Vorhandenem aufbaut und stets nur vorübergehende Lösungen entwirft – immer in gewisser Weise relativ und interpretativ bleibt und deshalb nicht absolut definiert werden kann. Um einen konsistenten Designbegriff formulieren zu können, wird im Weiteren anstelle einer Definition der Disziplin Design eine nähere Charakterisierung vorgenommen. Denn mithilfe einer solchen Umschreibung der Qualitäten und Potenziale sowie der kategorialen Verwandtschaften des Designs und der Berücksichtigung seiner ethischen Implikationen, so meine Behauptung, lassen sich angemessene Aufgaben- und Tätigkeitsfelder bestimmen, denen sich Designer in der Hypergeschichte annehmen sollten.

Dass der hier vorgeschlagene Designbegriff ein politischer und damit zugleich ethischer ist, ist schon mit der Ausgangsthese gesagt. Auf einige der politischen Dimensionen des Designs ist ebenso im Verlauf dieses Beitrags hingewiesen worden. Bevor die einzelnen Aspekte und Implikationen zu einem Gesamtbild konkretisiert werden und daraus ein Designbegriff formuliert wird, soll hier auf einige Gedanken von Bruno Latour Bezug genommen werden, die er in seinem Aufsatz „Ein vorsichtiger Prometheus?" dargelegt hat.

In der Ausweitung des Bezugsfeldes von Design sieht Latour einen „Tracer" dafür, dass sich der „Glaube" daran, dass wir je modern gewesen sind, allmählich auflöst und wir uns nicht mehr als Modernisierer, sondern vielmehr als Redesigner verstehen. Den Wandel von den Idealen der Modernisten zu den Wesensmerkmalen der Redesigner hat Latour (2009: 356–373) anhand von fünf Konnotationen des Designs herausgearbeitet: 1. Bescheidenheit, 2. Aufmerksamkeit fürs Detail, 3. Hermeneutik und semiotisches Geschick, 4. transitorischer Charakter und 5. inhärente Ethik. Diese Wesensmerkmale des Designs sind hilfreich, um die Einflüsse von Design auf gesellschaftspolitische Prozesse besser zu verstehen und zu nutzen.

Der erweiterte Designbegriff indiziert nach Latour eine „Veränderung in der Art und Weise, wie wir generell mit Objekten und Handlungen umgehen" (ebd.: 357 f.). Ihm zufolge werden heute immer mehr Objekte im Sinne von „‚unabänderlichen neutralen Tatsachen' (matters of facts)" zu Dingen im Sinne von „‚uns angehende[n] Sachen' (matters of concern)" (ebd.: 357), was dazu führt, dass wir die Welt zunehmend als veränderbar und uns als verantwortlich für die Dinge der Welt und deren Veränderung begreifen (vgl. ebd.: 357–360). Dieser Punkt ist wichtig, weil dies eine Haltung darstellt, die für das Design wesentlich ist.[2]

Aus den historischen Wurzeln eines aus der Industrialisierung stammenden Designbegriffs, in dem Design als ein nachträgliches Hinzufügen und Modifizieren der äußeren Form eines konstruierten Produktes verstanden wird, ergibt sich in der Begrifflichkeit des Designens als erste Konnotation eine gewisse Bescheidenheit: „Als Konzept impliziert Design eine Demut, die dem Wort ‚Konstruktion' oder ‚Bauen' abzugehen scheint" (ebd.: 358). Denn anders als in den Begriffen „Konstruieren" oder „Aufbauen" liege im Design nichts Grundlegendes. Aus dem historischen Blickwinkel der Industrialisierung, den Latour hier einnimmt, ist diese Konnotation gut nachvollziehbar. Von einem in die Zukunft gerichteten Standpunkt sollte diese Ansicht jedoch etwas modifiziert werden. Denn wie der Einblick in den designtheoretischen Diskurs der vorangegangenen Kapitel gezeigt hat, ist Design in der Lage, auf soziale Prozesse einzuwirken, indem es deren Bedingungen formt. Je weiter die Digitalisierung und damit die Verschiebung der Machtverhältnisse voranschreitet und das Design zu einer transdisziplinären Tätigkeit ausgeweitet wird, umso größer wird das transformatorische Potenzial des Designs. Die Demut, die Latour dem Design zuschreibt, soll hier daher nicht damit begründet werden, dass Design erst nachträglich hinzukomme, sondern damit, dass es eine fortschreitende Entwicklung ist. Das führt uns zu Latours vierter Konnotation, dem prozesshaften und transitorischen Charakter des Designs. Die Bescheidenheit, die im Design liegt, erwächst viel eher daraus, dass Design „nie bei Null anfängt" (ebd.: 361 f.). Latour verweist auf den nicht-schöpferischen Charakter des Designs. Transitorisch verstanden sei es eben „nie Schöpfung aus dem Nichts", sondern stets etwas *„Abhelfendes"* (ebd.: 361): kein Lösen von Problemen, sondern ein Umgehen mit Herausforderungen.

---

[2]Claudia Mareis (2014: 198) zufolge zieht sich das „Streben nach einer Öffnung, Erweiterung und Entgrenzung des Designbegriffs [...] als roter Faden durch die Geschichte des Designs – gerade so, als ob die jeweils geltenden Aufgabenbereiche und Wirkungsfelder von Design immer schon als zu klein und beengend empfunden wurden".

Design ist also nicht deshalb bescheiden, weil es nichts Grundlegendes wäre. Denn mit Methoden des Designs lassen sich viele Dinge grundlegend umstülpen. Die Bescheidenheit liegt vielmehr darin, dass Designer anstelle des Erschaffens von Neuem eben *nur* verändern, neu arrangieren oder Abstraktem eine konkrete Form verleihen. Darüber hinaus liegt die Bescheidenheit des Designs darin, dass Designer im Prozess des Redesignens zunehmend transdisziplinär und kollaborativ tätig sind. So lässt sich Design in Bezug auf die gesellschaftlichen Wandlungen hin zu einer Hypergeschichte als eine Tätigkeit des Umgangs mit Herausforderungen bezeichnen, weil Design Teil eines gesellschaftlichen und politischen Wechselwirkungsprozesses ist und immer auf Bestehendem aufbaut, Herausforderungen thematisiert, projektiert und mögliche Abhilfen vorformuliert.

Als zweite Konnotation führt Latour (ebd.: 359) eine „obsessive Aufmerksamkeit fürs Detail" an. Dieser immanente Sinn für die Bedeutung von Geschicklichkeit und Kunstfertigkeit stehe dem modernistischen Gedanken des radikalen Umbruchs entgegen, der häufig wichtige soziologische oder ökologische Detailfragen außer Acht lässt. Latour sieht in der Ausweitung des Konzepts von Design ein Zeichen für eine Verschiebung in unserer Wahrnehmung von Handlungen. Aus Objekten, im Sinne von unabänderlichen Tatsachen, werden Dinge im Sinne von veränderbaren Sachverhalten, derer man sich annehmen sollte. Besonders die sich abzeichnenden ökologischen und sozialen Krisen zeigen unzählige solcher Sachverhalte auf, die unumgänglich verändert werden müssen.

Die dritte Konnotation des Designs sieht Latour in seiner semiotischen Geschicklichkeit bzw. seiner hermeneutischen Dimension (vgl. ebd.: 360 f.). Denn „Design bietet sich für Interpretationen an" (ebd.: 360). In seiner schwächsten Form füge Design einem Objekt zwar nur eine oberflächliche Bedeutung hinzu, doch „indem es in mehr und mehr Ebenen des Objektes eindrang, führte es eine neue Aufmerksamkeit für Bedeutung mit sich" (ebd.). Die Verschiebung von Objekten zu Dingen steht demzufolge in einem Zusammenhang damit, dass immer mehr Sachverhalte als designte Dinge betrachtet werden. Diese Ausweitung der Semiotik und Hermeneutik bringt mit der Einführung der Kategorie gut bzw. schlecht designt eine normative Dimension in das Design und eben auch die – als fünfte Konnotation angeführte – ethische Dimension (vgl. ebd.: 362–364).

Die normativen Aspekte des Designs wurden zuvor im Zusammenhang mit den sich wandelnden Machtstrukturen und der Digitalisierung schon angedeutet. Sie spielen für das hier formulierte Designverständnis eine wichtige Rolle. Zusammenfassend sei gesagt, dass Design durch die Schaffung von Interaktionsoptionen, die wiederum soziale Informations- und Kommunikationsgewohnheiten prägen, gesellschaftliche Standards etabliert, wie es derzeit beispielsweise

Unternehmen wie *Facebook* oder *Google* etc. gelingt. Hier prägen designte Dinge massiv die Form gesellschaftlicher und damit implizit politischer Kommunikation und Handlungen. Bei *Facebook* war die politische Dimension zunächst vermutlich nicht intendiert. Dennoch wird *Facebook* für gesellschaftspolitische Kommunikation, gleich welcher Couleur, genutzt. Man kann so weit gehen, bei *Facebook* von einem Non-Intentional-Design zu sprechen. Denn sein Design ist offensichtlich dysfunktional, wenn es um politische Kommunikation geht, die auf Verständigung aus ist. Das belegen die ausufernden Hasstiraden, die massiven Einflussmöglichkeiten, welche sogenannte Social Bots auf die Kommunikation ausüben können, und die sogenannten Filterbubble-Effekte, bei denen ganze Gruppen von Usern durch Filteralgorithmen von einer Gesamtöffentlichkeit abgeschottet werden (vgl. Pariser 2012: 16). Dies zeigt nicht nur sehr prägnant, wie Erzeugnisse von Design in der Lage sind, gesellschaftliche Entwicklungen zu bedingen, sondern auch, dass es für einen zivilisierten gesellschaftlichen Zusammenhalt äußerst relevant sein kann, wie *gut* oder *schlecht* ein großes Netzwerk entworfen wird. Schließlich kann ein schlechtes Design Prozesse begünstigen, die destruktiv auf einen zivilisierten gesellschaftlichen Umgang wirken. Darüber hinaus lässt sich anhand dieses Beispiels erkennen, dass Design zu einem Ding geworden ist, das für alle relevant ist. Mit Latour (2009: 362) lässt sich in diesem Zusammenhang sagen: „Wenn Design derart ausgeweitet wird, dass es überall relevant ist, ziehen sich Designer ebenfalls den Mantel der Moral an." Sie finden sich in einer ethischen Dimension ihres Schaffens wieder, ob sie wollen oder nicht. Latour sieht in diesem Aspekt einen Anknüpfungspunkt, um den Begriff Design auf die Politik zu erweitern:

> Wenn das gesamte Gewebe unserer irdischen Existenz bis ins Detail redesignt werden muss, wenn für jedes Detail die Frage nach gutem und schlechtem Design gestellt werden kann, wenn jeder Aspekt zu einer kontrovers diskutierten uns angehenden Sache geworden ist und nicht länger als unbestreitbare Tatsache stabilisiert werden kann, dann sind wir offensichtlich dabei, ein vollkommen neues politisches Terrain zu betreten (ebd.).

3.2 Ein politisches und ethisches Designverständnis und welche Aufgaben sich für das Design stellen

An dieser Stelle muss festgehalten werden, dass die Beziehungsaspekte zwischen den Dingen der Welt, Menschen und Systemen, mit denen wir in Interaktion treten, zunehmend an Bedeutung gewinnen, womit den Wechselwirkungen zwischen ihnen eine immer größere Rolle zukommt. Dies ist wichtig, weil daraus Entscheidendes über die Rolle der Designer und die Aufgaben, denen sie sich heute und zukünftig annehmen sollten, abgeleitet werden kann.

Gemeint ist damit die Wichtigkeit der Schnittstellenerzeugung und -gestaltung, bei der es darum geht, die Beziehungen und Zusammenhänge der Dinge der Welt medial in eine für Menschen begreifliche Form zu bringen und damit Öffentlichkeit hervorzubringen. Nur wenn es gelingt Schnittstellen für konstruktive gesellschaftspolitische Interaktionen zu gestalten, die es erlauben, sowohl der Komplexität der Welt als auch den kognitiven und emotionalen Fähigkeiten der Menschen angemessen gerecht zu werden, kann es gelingen, globale ökologische und soziale Krisen zu bewältigen. Wie so eine Form der Schnittstellengestaltung aussehen kann, wird im designpraktischen Teil dieses Beitrags erprobt und an einem exemplarischen Entwurf veranschaulicht.

Für die geforderte Schnittstellentätigkeit des Designs im Sinne einer Öffentlichkeitsherstellungsarbeit ist es von Bedeutung, sich der oben angesprochenen ethischen und normativen Dimension des Designs bewusst zu sein. Dies gilt insbesondere dann, wenn wir das Design in den Zusammenhang der sich ausweitenden Verschiebung der gesellschaftlichen Machtkonstellationen hin zu einer globalen Governance setzen, in der sich die Gesellschaften heute wiederfinden. Eine globale Governance hat als Regierungstechnik zunächst einmal nichts mit der Regierungsform der Demokratie zu tun. Damit erzeugt die Verschiebung der Machtkonstellationen ein Spannungsfeld zwischen der Bevölkerung und ihren demokratischen Vertretungen, ihrem Parlament und ihrer gewählten Regierung, da diese ihr Machtmonopol und ihren alleinigen Vertretungsanspruch in einer globalen Governance eingebüßt haben. Als ein weiterer Akteur im Spannungsfeld zwischen globaler Gesellschaft und Politik ist Design nun in der Lage, als Mittler und Schnittstellengestalter zu fungieren. In diesem Kontext verpflichtet sich Design auf die Tradition der Aufklärung und zugleich auf globale Zivilisierung.

In der Rolle des Mittlers muss es daher darum gehen, Schnittstellen im medialen Gefüge zu entwerfen und diese in der globalen Zivilgesellschaft zu etablieren, welche die Bürger befähigt, ihre zivilen Interessen eigenständig auszuhandeln und global zu vertreten. Dem hier vorgeschlagenen Designverständnis nach sollte Design als politisches Engagement im Sinne der Zivilisierung verstanden und deshalb als Strategie zur Zivilisierung der globalen Governance praktiziert werden.

Gemeint ist damit die Aushandlung und Sicherstellung allgemeingültiger ökologischer, Rechts- und Sozialstandards im globalen Maßstab. Global gültige (Mindest-)Standards schützen die Zivilgesellschaft vor den negativen Auswirkungen der globalen Governance. Gemeint sind damit beispielsweise globale

Finanzmarktregulierungen, Sozial- und Umweltstandards für die Produktion von Gütern aller Art, im Speziellen für die Lebensmittelproduktion und die Pharmaindustrie, globale Mindeststandards beim Datenschutz und der demokratischen Regulierung von Geheimdienstaktivitäten sowie der zivilgesellschaftlichen Möglichkeit zur Kontrolle von staatlicher Gewalt.

Der designpraktische Teil dieses Beitrags veranschaulicht, wie die Schnittstellengestaltung im Sinne der zuvor angesprochenen Zivilisierung der globalen Governance aussehen kann. Damit soll nicht zuletzt eine Diskussionsgrundlage geschaffen werden, um die Potenziale des Designs im gesellschaftlichen und politischen Kontext zu diskutieren. Darüber hinaus soll der designpraktische Teil als eine mögliche Antwort auf zwei Fragen vorgeschlagen werden, die Latour an das Design gestellt hat: „Wo sind die Visualisierungswerkzeuge, mit denen sich die widersprüchliche und kontroverse Natur von uns angehenden Sachen repräsentieren lässt?" (Latour 2009: 372) Und: „Wie können wir Sachen, die uns angehen, zusammenziehen, um politischen Auseinandersetzungen eine Übersicht oder zumindest eine Sicht der Schwierigkeiten anzubieten, in die wir uns jedes Mal verstricken, wenn wir die praktischen Details unserer materiellen Existenz verändern müssen" (ebd.: 370)?

4   Entwurf einer politischen Plattform für Europa: *necs – new european civil society*

Die Idee zum Netzwerk „necs" und dessen Ausgestaltung in Form einer App entspringt der Gegenwartsdeutung von Politik, Gesellschaft und Design, die zuvor dargelegt wurde. Darüber hinaus fügt sich der Ansatz der designpraktischen Arbeit in das Bild einer postnationalen Generation ein, wie es Ulrike Guérot (2016: 228 ff.) gezeichnet hat. Guérot (ebd.: 231) spricht von einer Generation, die aus einem transnationalen Selbstverständnis heraus beginnt, eigene Vorstellungen eines gemeinsamen Europas zu entwickeln und „eine neue europäische Welt in Apps" entwirft. Denn auch mit dem oben formulierten Designverständnis wird Politik als ein „gesellschaftliches Design" begriffen und dazu angeregt, mit Mitteln des Designs auf eine „immer gerechtere Form des gesellschaftlichen Zusammenlebens" (ebd.: 256) hinzuarbeiten, wie es nach Guérot charakteristisch für die Ansätze der postnationalen Generation ist.

Die vorhergehenden Kapitel haben verdeutlicht, dass sich die europäischen Gesellschaften heute in einer globalen Governance befinden, in der demokratisch gewählte Regierungen ihre Souveränität und ihr Kommunikations- und Informationsmonopol zugunsten zahlreicher Multiakteurssysteme abgegeben haben. Das, so meine These, macht die Gestaltung von Schnittstellen für die Zivilgesellschaft erforderlich, mit denen eine informationelle Öffentlichkeit ermöglicht werden kann, die keinen ökonomischen Interessen unterliegt.

Der Zivilbevölkerung bleibt, will sie nicht in die Modalitäten und Zwänge von Autoritätsstaaten zurückfallen, im Grunde nur der Weg, das Prinzip der globalen Governance anzunehmen und sich die daraus ergebenden Möglichkeiten zunutze zu machen. Denn nur wenn sich die Zivilbevölkerung selbst zu starken Multiakteuren zusammenschließt, wird es möglich sein, die undemokratische, tendenziell antidemokratische Regierungstechnik der Governance zu zivilisieren – ganz im Sinne der *Europäischen Kooperationsidee.*

Unter Zivilisierung der globalen Governance ist hier die allgemeine Absicht zu verstehen, neben den vorherrschenden ökonomischen und machtpolitischen Multiakteurssystemen starke zivile Akteure zu etablieren, die dann in der Lage sein können, sich jenseits von partikularer ökonomischer und kultureller Repräsentation auf die „Repräsentation der gesamten Menschheit zu verpflichten", wie es Bazon Brock (2009: 14) formuliert hat.

Die für einen solchen Schritt benötigte informationelle Infrastruktur bieten die heute weltweit verfügbaren Informations- und Kommunikationstechniken. Um globale zivile Akteure etablieren zu können, sind Netzwerke bzw. Schnittstellen erforderlich, welche sowohl Verbindungen zwischen den Menschen ermöglichen als auch die Zusammenhänge und Beziehungen, in denen sie leben, erfahrbar und begreifbar machen. Eine solche Schnittstelle muss in der Lage sein, Politik und Gesellschaft als komplexe Versammlungen von Widersprüchlichkeiten und kontroversen Sachverhalten und den Beziehungen, in denen diese miteinander stehen, darzustellen bzw. abzubilden oder zu repräsentieren.

Die Idee meiner designpraktischen Arbeit ist es, eine solche Schnittstelle zu entwerfen. Wichtig ist es an dieser Stelle hervorzuheben, dass es sich bei diesem Entwurf um ein unvollendetes Design handelt. Der Titel der Abschlussarbeit, aus der dieser Beitrag hervorgegangen ist – „Designing Governance – Entwurf einer politischen Plattform für Europa" – ist ein programmatischer Hinweis darauf, dass der Designprozess, wie er für eine umfassende Bearbeitung der Idee und Themenstellung erforderlich wäre, im Rahmen dieser Arbeit nicht abgeschlossen werden konnte. Die Effekte von „necs" sind ohne eine ausgedehnte interdisziplinäre Entwicklungs-, Prototypisierungs- und Testphase nicht kalkulierbar.

Ausgehend von dieser Masterarbeit formt sich seit Oktober 2016 eine Gruppe junger Menschen unter dem Namen „Wepublic" mit dem Ziel, Schnittstellen für die Zivilgesellschaft zu entwerfen, zu entwickeln und langfristig zu etablieren.[3] Dabei verknüpft Wepublic, dem hier formulierten Designverständnis entsprechend, Kompetenzen aus Design, Politikwissenschaft, Informatik und Wirtschaftswissenschaft und strebt einen umfassenden Designprozess zur Entwicklung von vitalen Civic Media Schnittstellen an. Als Pilotprojekt brachte Wepublic am 01.09.2017 die App „+me" heraus, mit der die Nutzer während der letzten Wahlkampfwochen der Bundestagswahl 2017 mithilfe eines Voting-Systems aus der Community eigene Fragen an die Parteien richten konnten. Die Fragen wurden daraufhin von den Parteien beantwortet. Anschließend konnten die Nutzer die Antworten miteinander vergleichen und bewerten.

4.1 Konzept

„necs" zielt darauf, die Darstellung der komplexen Versammlungen von Widersprüchlichkeiten und kontroversen Sachverhalten, als die Politik und gesellschaftliche Vorgänge hier im Anschluss an Latour verstanden werden, in eine Formsprache zu übertragen, die mit den derzeit gängigen digitalen Geräten leicht genutzt werden kann.

Der zentrale Punkt der Konzeption von „necs" ist es, diese Form der Darstellung gesellschaftspolitischer Zusammenhänge direkt mit Formaten zu verknüpfen, die Möglichkeiten für politisches Handeln bereithalten. Es soll also eine Form für eine europäische Öffentlichkeit im digitalen Medium entworfen werden, die zugleich politische Handlungsmöglichkeiten eröffnet und die Nutzung dieser Möglichkeiten anregt. Auf diese Weise soll es nicht nur gelingen, ein Abbild der Beziehungen und Zusammenhänge in Politik, Wirtschaft und Gesellschaft zu gewinnen; es soll auch erkennbar werden, dass Politik, Wirtschaft und Gesellschaft etwas sind, *das einen etwas angeht* – besonders weil sie veränderbar und beeinflussbar sind.

Medial lässt sich „necs" im Bereich der *social media* verorten bzw. als ein „Soziales Netzwerk" kategorisieren und dem Bereich *Civic Tech* zuordnen. Wiewohl das Politische immer das Soziale impliziert und umgekehrt, wird hier vorgeschlagen, „necs" präziser als *political medium*, als „politisches Netzwerk" oder als *public* oder *civic medium* zu bezeichnen, da es im Unterschied zu klassischen

---

[3]Informationen zum aktuellen Projektstand von +me und zukünftigen Projekten veröffentlicht Wepublic auf der Website: https://wepublic.me/ sowie über die Social Media-Kanäle: https://www.facebook.com/wepublic.me/ und https://twitter.com/wepublic_me/ Weitere Informationen gerne auch per E-Mail: hello@wepublic.me.

social media wie *Facebook* und *Twitter* eine deutliche Ausrichtung auf politisches Handeln und Leben in einer globalen Zivilgesellschaft aufweist. Auch dient „necs" keinen ökonomischen Zwecken. Es ist weniger für Reichweitenmaximierung ausgelegt, sondern vielmehr für Verständigungsprozesse und soll als Medium für eine neue Form der Öffentlichkeit dienen.

Im Sinne des transitorischen Charakters des Designs ist „necs" als *Redesign* vorhandener Elemente zu einem neuen, modifizierten, redesignten Medienarrangement zu verstehen. Keines der kommunikativen Formate oder Funktionen ist als grundlegend neu zu bezeichnen. Das Charakteristische am Entwurf von „necs" ist seine konzeptionelle wie formale Zusammenstellung und Verknüpfung von, jeweils für sich genommen, bereits bestehenden kommunikativen Formaten.

Der Entwurf von „necs" verknüpft, integriert und versammelt 1. massenmediale Nachrichtenmeldungen, 2. Einschätzungen und Kommentare aus Wissenschaft, Politik und von Personen öffentlichen Interesses, 3. öffentliche Fragen, die themenspezifisch gestellt oder an bestimmte Akteure gerichtet werden können, 4. Petitionen, die sich ebenso an verschiedene Akteure wenden, 5. private Kommunikation, 6. öffentliche Statements, 7. eine Plattform für den Austausch von Ideen & Visionen in audiovisueller sowie textlicher Form, 8. Veranstaltungen und 9. die Teilnehmer von „necs" miteinander. Mittels der Integration und Verknüpfung dieser Elemente werden 10. gesellschaftspolitische Themenkomplexe versammelt.

Im Falle einer realen Umsetzung des Entwurfs können diese Versammlungen mithilfe von datentechnischen Verknüpfungen und durch Tags und Verknüpfungen erreicht werden, die von den Teilnehmern selbst semantisch gesetzt werden. Allgemein lässt sich nach dem heutigen Stand der informationstechnischen Entwicklungen sagen, dass dies keine unlösbare Aufgabe darstellen wird. Eine exakte Antwort auf die Frage nach der konkreten Funktionsweise kann im Rahmen dieser Arbeit jedoch nicht gegeben werden. Hierfür wären ausgedehnte Test- und Entwicklungsphasen erforderlich.

Die Anforderung, Gesellschaft als eine Versammlung widersprüchlicher und kontroverser Sachverhalte darzustellen, die miteinander in Beziehung stehen, stellt spezielle Anforderungen an das Bedienkonzept. Im Unterschied zu zahlreichen herkömmlichen Apps ist es bei „necs" erforderlich, viele Sachverhalte und ihre Beziehungen auf einem Screen dynamisch darstellen zu können. Einige bewährte Grundprinzipien, wie die Reduktion von Komplexität, die Schaffung eindeutiger Orientierung und die Fokussierung auf einen Inhalt pro Screen, lassen sich daher nicht 1:1 anwenden. Dennoch muss die erforderliche Komplexität auf ein Maß reduziert werden, das einerseits die Betrachter nicht überfordert, andererseits aber auch der Komplexität angemessen ist, die in der Natur der dargestellten Dinge liegt. Eine eindeutige Navigation ist konzeptionell kaum möglich.

Denn es sollen alle Sachverhalte miteinander in Bezug gesetzt werden können, woraus sich teilweise eine große Anzahl an Möglichkeiten für die „necs"-Teilnehmer ergeben. Eine klassische Navigation würde dadurch zu komplex und unverständlich werden. Anstelle einer eindeutigen Navigation ist es in dieser dynamischen App wichtig, klare Elemente und sich wiederholende Funktionsmuster zu schaffen, damit die Teilnehmer mit der App umgehen können, ohne dass eine exakte *Verortung* in einer klassischen Navigation notwendig ist.

Abb. 1 Raster –
Konzentrischer Aufbau der
Bedienelemente. (Quelle:
Eigene Abbildung)

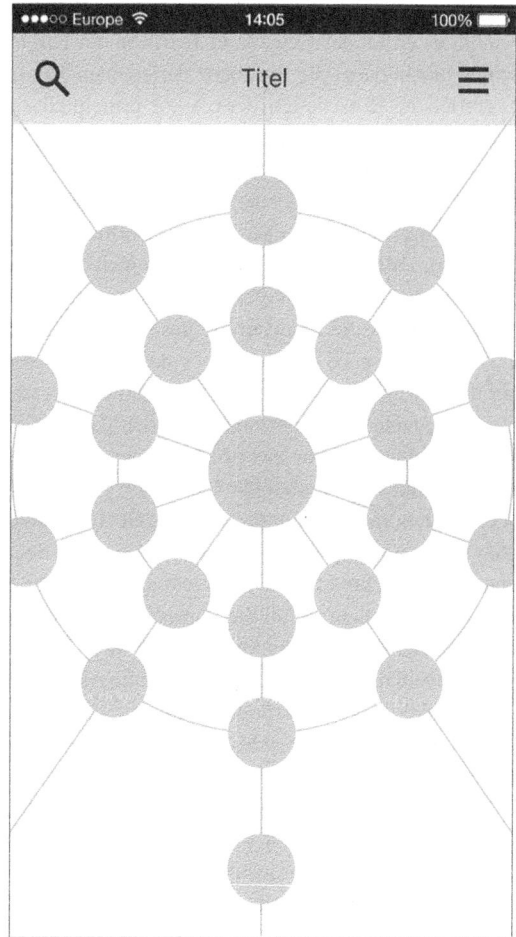

Um dies zu ermöglichen, ist das Raster der App konzentrisch aufgebaut (siehe Abb. 1). So können mehrere Elemente grafisch miteinander in Bezug gesetzt und die Verbindungen der Teilaspekte visualisiert werden.

Die zeitgleiche Anzeige von mehreren Sachverhalten, die miteinander in Bezug stehen, erschwert die Integration von Textinhalten. „necs" fokussiert daher bei der Ein- und Ausgabe akustische Verfahren. Alle Botschaften werden im Hintergrund mithilfe von text-to-speech- bzw. speech-to-text-Programmen in akustisch ausgebbare Dateiformate umgewandelt. Neben dem praktischen Grund der schwierigen Textintegration hat das weitere konzeptionelle Gründe: Das Einsprechen von Botschaften stellt andere Bedingungen an den Autor der Botschaft, als es bei der Eingabe in Textform der Fall ist. Den entscheidenden Unterschied macht dabei die Resonanz der eigenen Stimme. Die These lautet hier, dass geschriebene Botschaften dem Autor prinzipiell eine größere Distanz zur eigenen Person erlauben, während selbstgesprochene Worte den Sprecher durch die Resonanz seiner eigenen Stimme direkter mit den eigenen Worten konfrontiert. Dieser Effekt könnte, so die Vermutung, besonders bei politischer Kommunikation im Digitalen, dem massenweisen Auftreten von Affekthandlungen wie Beleidigungen, Diffamierungen etc. entgegenwirken. Diese Vermutung müsste freilich im Rahmen des oben angesprochenen umfassenden Designprozesses überprüft werden, der für die Realisierung des Konzepts von „necs" erforderlich wäre. Die akustische Ausgabe ermöglicht es den Teilnehmern darüber hinaus, sich visuell auf die Zusammenhänge zu konzentrieren, während sie die Inhalte hören.

Redundante Funktionsmuster werden dadurch erreicht, dass das Interaktionskonzept prinzipiell nur zwei Fälle vorsieht: Im ersten Fall steht im Zentrum der Bezugspunkt zu den anderen Elementen oder Aktionen. Im Beispiel des Homescreens steht im Zentrum der eingeloggte Teilnehmer selbst, als sein eigener Ausgangspunkt für alle seine Aktionen und für alle Beziehungen, in denen er mit den anderen Teilnehmern und Sachverhalten steht (siehe Abb. 2). Um das Zentrum herum sind in diesem Fall die Formate und Elemente angeordnet, die mit dem im Zentrum stehenden Sachverhalt oder Profil in Beziehung stehen.

Im zweiten Fall steht im Zentrum eine Aktion, um die herum die entsprechenden Sachverhalte angeordnet sind (siehe Abb. 3). Im Beispiel „Statements zum Thema Pressefreiheit" steht im Zentrum die Aktion „Alle abspielen", um die herum die einzelnen Statements angeordnet sind.

Als weiteres Element fungiert die Titelleiste: Hier wird der angezeigte Bereich betitelt und in den Ecken werden übergeordnete Funktionen bereitgehalten. Um die konzentrisch angeordneten Elemente können je nach Bedarf Kategorien eingeblendet werden, unter denen dann mehrere Elemente subsumiert werden können.

Abb. 2 Homescreen – Im
Zentrum des Homescreens
steht der Teilnehmer. Um
diesen ordnen sich die
Medienformate. (Quelle:
Eigene Abbildung)

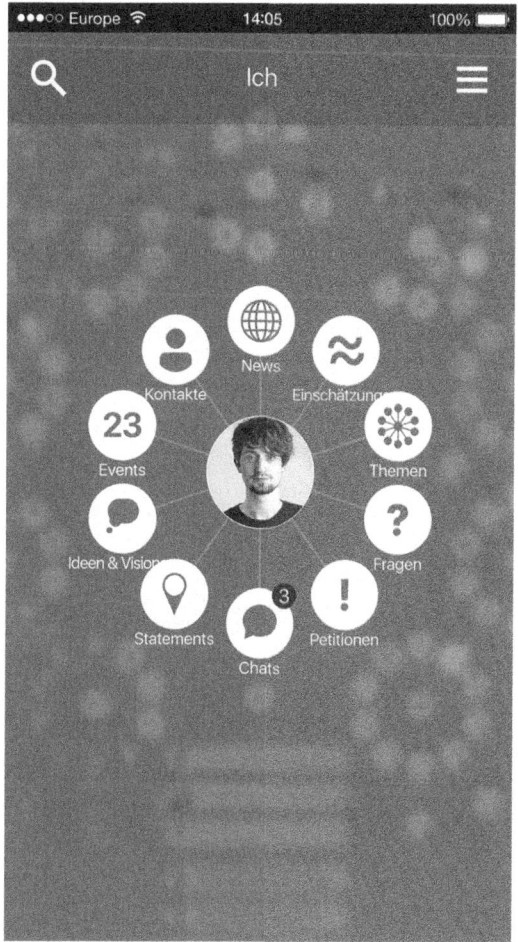

Das eigene Profilbild des Teilnehmers ist als Bezugspunkt immer vorhanden; es dient als Home-Button, der den Anwender wieder zurück zum Ausgangspunkt der App führt. So kann ein Verlorengehen des Anwenders verhindert werden, während sich das Layout dennoch immer dynamisch an die jeweils versammelt angezeigten Sachverhalte und Personenprofile anpassen kann.

Im Folgenden wird die Konzeption der einzelnen Formate eingehender beschrieben, um die Gesamtkonzeption von „necs" zu illustrieren.

Abb. 3 Statements zum
Thema Pressefreiheit –
Um die zentrale Aktion
„Alle Abspielen" gliedern
sich mehrere Statements.
(Quelle: Eigene Abbildung)

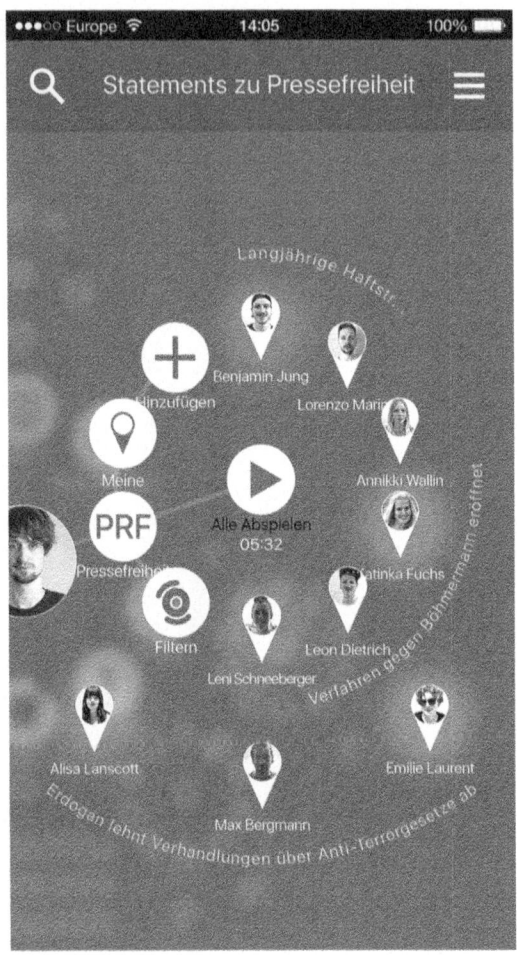

Abb. 3 Statements zum Thema Pressefreiheit – Um die zentrale Aktion „Alle Abspielen" gliedern sich mehrere Statements. (Quelle: Eigene Abbildung)

4.1.1 Nachrichten – „News"

Eine verständigungsorientierte Öffentlichkeit ist auf Berichterstattungen von aktuellen Vorgängen angewiesen. Das Format *News* integriert daher die Meldungen der gängigen online verfügbaren Nachrichtenmedien (siehe Abb. 4).

Datentechnische Verknüpfungen, die auch in Zusammenarbeit mit den Sendern, beispielsweise über standardisierte Protokolle, erstellt werden können, machen einzelne Meldungen zu den jeweils zugehörigen Themenkomplexen

Abb. 4 Newsscreen – Um die zentrale Aktion „Alle Abspielen" gliedern sich Nachrichtenmeldungen zu unterschiedlichen Themenkomplexen. (Quelle: Eigene Abbildung)

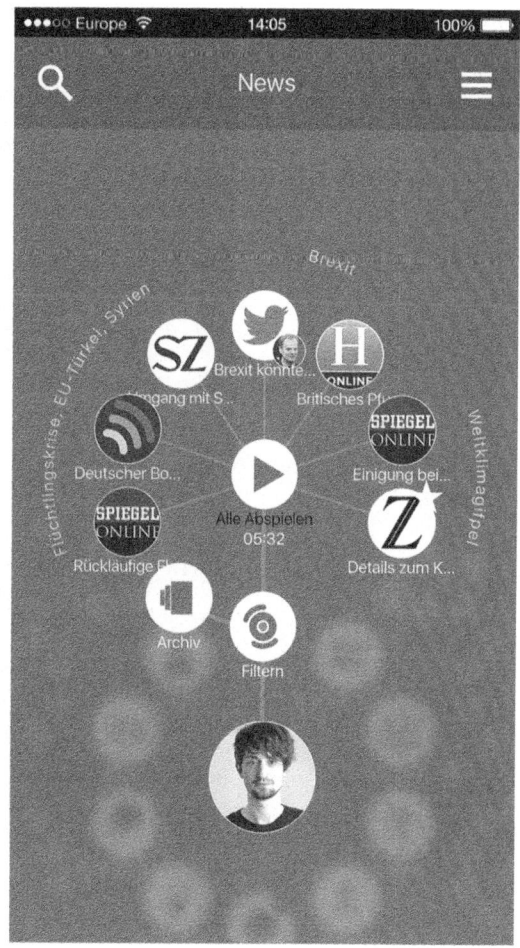

zuordnungsfähig. So erlaubt es das Format *News* den Teilnehmern, gezielt Nachrichtenmeldungen zu bestimmten Themenkomplexen und den mit diesen verknüpften weiteren Formaten zu erhalten.

4.1.2 „Einschätzungen"

Die Komplexität der Zusammenhänge und Beziehungen der aktuellen Sachverhalte erfordert in vielen Fällen fundierte Einschätzungen von Experten aus den

Abb. 5 Einschätzungen –
Einschätzungen gliedern
sich nach Themen um
die zentrale Aktion „Alle
Abspielen". (Quelle: Eigene
Abbildung)

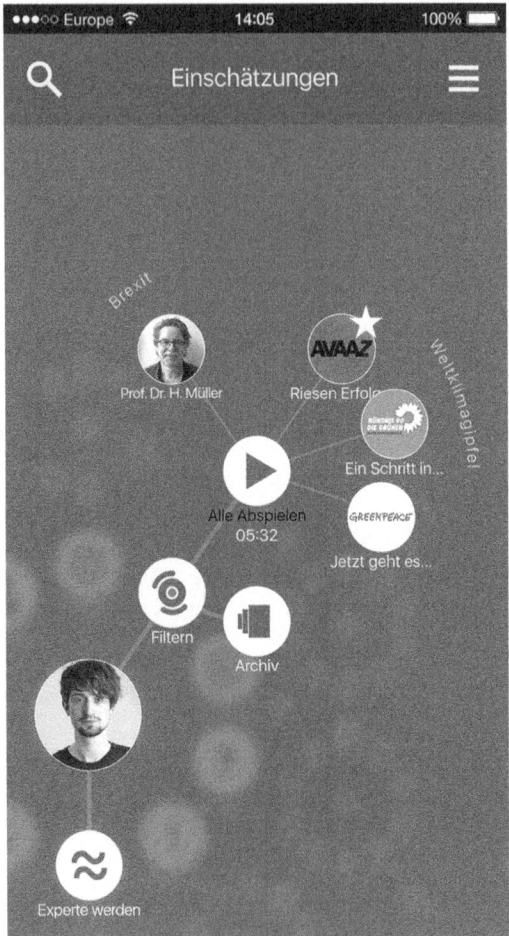

jeweiligen Bereichen wie Wissenschaft, Technik, Politik, Wirtschaft, Philosophie
etc. Mit dem Format *Einschätzungen* können die „necs"-Teilnehmer sich Urteile
von registrierten Fachleuten, Organisationen und von Personen öffentlichen Interesses einholen, um einen Sachverhalt unter fachlichen wie politischen Gesichtspunkten differenzierter bewerten zu können. In diesem Format werden ebenso
journalistische Kommentare der im Nachrichtenformat *News* vertretenen Nachrichtenmedien integriert (siehe Abb. 5).

Abb. 6 Petitionen –
Petitionen gliedern sich
nach Themen um die
zentrale Aktion „Alle
Abspielen". (Quelle: Eigene
Abbildung)

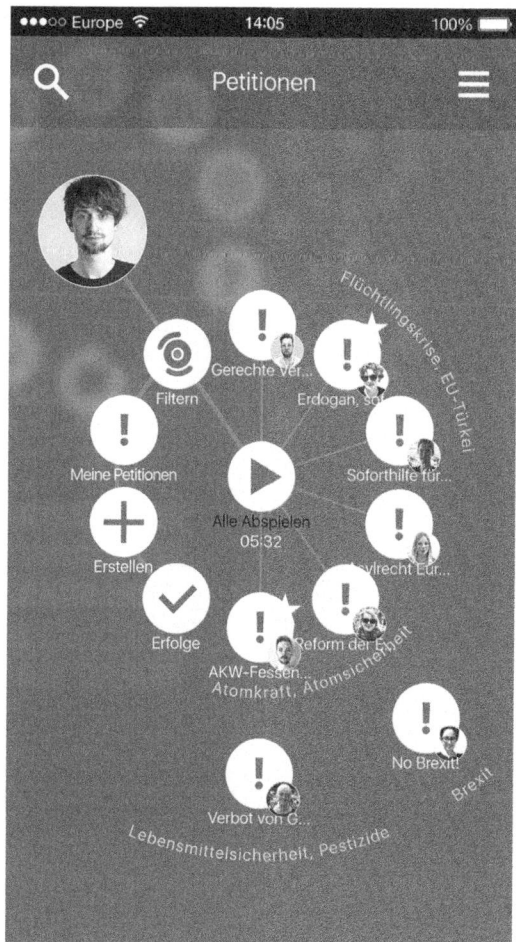

Abb. 6 Petitionen – Petitionen gliedern sich nach Themen um die zentrale Aktion „Alle Abspielen". (Quelle: Eigene Abbildung)

4.1.3 „Fragen" und „Petitionen"

Petitionen sind vermutlich *das* klassische Format im Bereich des Online-Aktivismus. Netzwerke wie Avaaz oder Plattformen wie Change.org basieren beinahe ausschließlich auf dem Format der Online-Petition. Um öffentlichen Druck auf ganz unterschiedliche Akteure weltweit ausüben zu können, ist das Format der *Petition* vielleicht die wirkmächtigste Funktion, die „necs" bietet (siehe Abb. 6). Als eine Modifikation des Petitionsprinzips bietet „necs" zusätzlich das Format

Abb. 7 Fragen – Fragen
gliedern sich nach Themen
um die zentrale Aktion
„Alle Abspielen". (Quelle:
Eigene Abbildung)

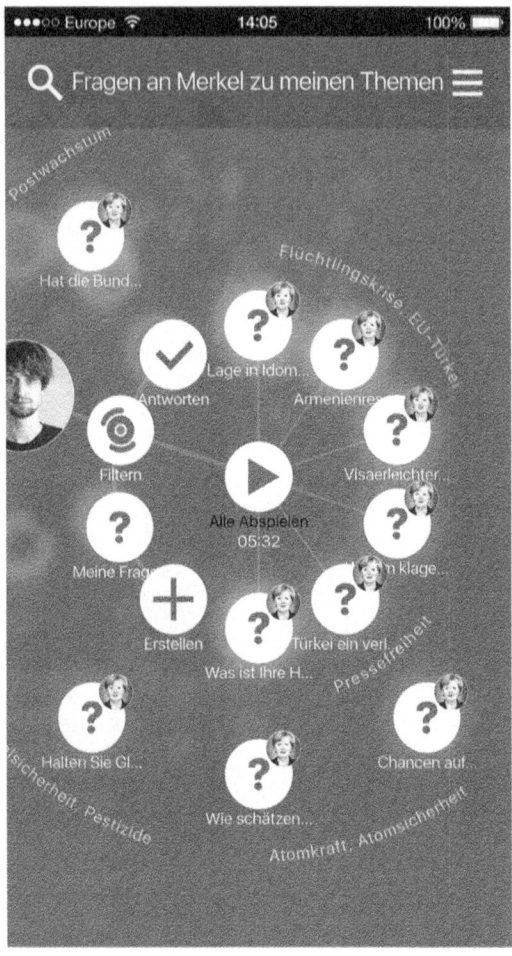

der *Fragen*. Das Format der *Fragen* ist so positioniert, dass es im Vergleich zu
Petitionen deutlich weniger konfrontativ und stärker verständigungsorientiert ist.
Dennoch ist die Funktionsweise strukturell ähnlich: Analog zu *Petitionen* können
hier einzelne Teilnehmer aber auch Organisationen öffentlich Fragen formulieren
(siehe Abb. 7). Die *Fragen* können im Unterschied zu *Petitionen* sowohl allgemein zu Themenkomplexen gestellt werden als auch, wie bei *Petitionen,* direkt an
Personen und Akteursgruppen gerichtet sein. Wird eine Frage an Personen oder

Akteursgruppen adressiert, kommt sie einer Bitte um eine Stellungnahme oder Erklärung eines Sachverhalts gleich. Ist eine Frage jedoch allgemein zu einem Thema gestellt, kann sie als Appell an Experten, Organisationen, Journalisten etc. gelten, den gefragten Sachverhalt zu recherchieren und Einschätzungen darüber abzugeben. Auf diese Weise kann die Zivilgesellschaft die Aufklärung und Information zu Sachverhalten in gewisser Weise selbst initiieren und ihre eigenen Themen wirkungsvoll im öffentlichen Diskurs platzieren.

4.1.4 Private Kommunikation – „Chats"

Um einen direkten Austausch zwischen einzelnen Personen und Gruppen zu ermöglichen, ist ein Format für private Kommunikation erforderlich. Analog zu derzeit gängigen Instant-Messaging-Diensten können die Teilnehmer von „necs" im Format *Chats* private Nachrichten schreiben und Gruppenchats führen (siehe Abb. 8). Um den Anspruch der privaten Kommunikation erfüllen zu können, werden alle Nachrichten im Format *Chats* „End-to-End" verschlüsselt.

Die End-to-End-Verschlüsselung ist eine Verschlüsselungsmethode, die auch von einigen populären Instant-Messaging-Diensten wie beispielsweise dem Telegram Messenger[4] oder WhatsApp[5] genutzt werden. Das bedeutet, dass die Inhalte der Chats vom Eingabegerät verschlüsselt und erst vom Empfangsgerät entschlüsselt werden.

4.1.5 Öffentliche Meinungsäußerung – „Statements"

Statements ist das Format für öffentliche Meinungen und Standpunkte der Teilnehmer von „necs". *Statements* ist dabei ansatzweise vergleichbar mit Posts in herkömmlichen Sozialen Netzwerken. *Statements* können von einzelnen Teilnehmern und von Organisationen zu den verschiedenen Sachverhalten abgegeben werden. Jedoch sind diese *Statements* immer öffentlich und für alle Teilnehmer einsehbar. *Statements* ist damit das Format für individuelle öffentliche Meinungsäußerungen im Rahmen geltenden europäischen Rechts (siehe Abb. 9).

Die *Statements* müssen jedoch von ihren Autoren bestimmten Themenkomplexen, konkreten Sachverhalten wie Nachrichtenmeldungen etc. oder anderen

---

[4]Siehe hierzu die Website von Telegram Messenger: https://telegram.org – abgerufen am 24.10.2017. Für weitere Details siehe auch: https://core.telegram.org/api/end-to-end – abgerufen am 24.10.2017.

[5]Siehe hierzu WhatsApp: WhatsApp Encryption Overview. Technical white paper, online veröffentlicht am 5. April 2016, abzurufen unter: https://www.whatsapp.com/security/ – abgerufen am 24.10.2017.

Abb. 8 Chats – Die
Vorschauen mehrerer Chat-
Konversationen zeigen die
jeweils letzte Nachricht.
(Quelle: Eigene Abbildung)

Teilnehmern mithilfe von Tags zugeordnet werden, bevor sie sie öffentlich setzen können. Auf diese Weise können die Teilnehmer gezielt *Statements* zu den
verschiedenen Themenkomplexen oder Sachverhalten herausfiltern und damit die
Stimmen bzw. Meinungen der weiteren Teilnehmer einsehen und vergleichen.

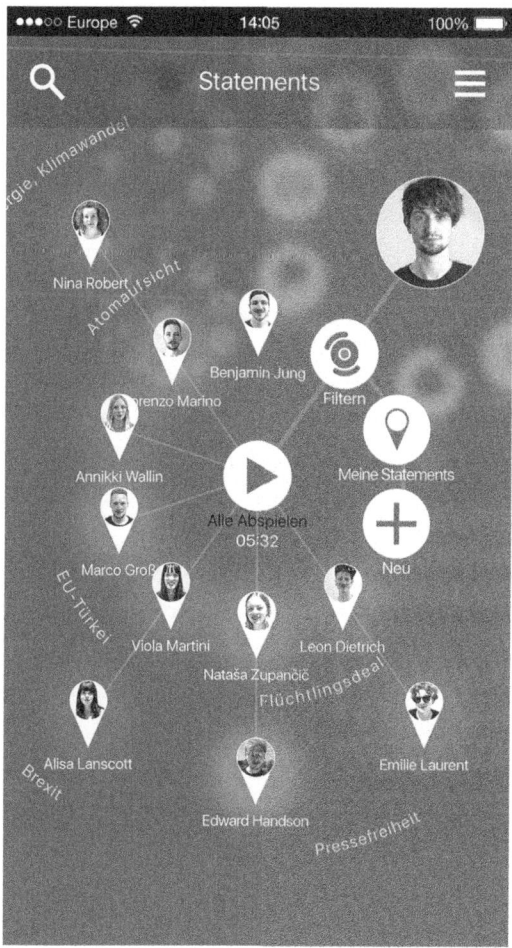

4.1.6 „Ideen & Visionen"

Das Format *Ideen & Visionen* bietet Raum für Lösungsansätze zu Themen von komplexen oder konkreten Sachverhalten (siehe Abb. 10). Die Teilnehmer können hier Ideen in textlicher, visueller oder audiovisueller Form veröffentlichen, ihre Zukunftsideen und -visionen präsentieren und gemeinsam diskutieren sowie Einschätzungen von Experten zu den Ideen erhalten. Das Format dient als eine Art gedanklicher Spielplatz, in dem Konzepte in einer öffentlichen Kommunikation

Abb. 10 Ideen & Visionen –
Mehrere Ideen und Visionen
gliedern sich nach Themen
um die zentrale Aktion „Alle
Abspielen". (Quelle: Eigene
Abbildung)

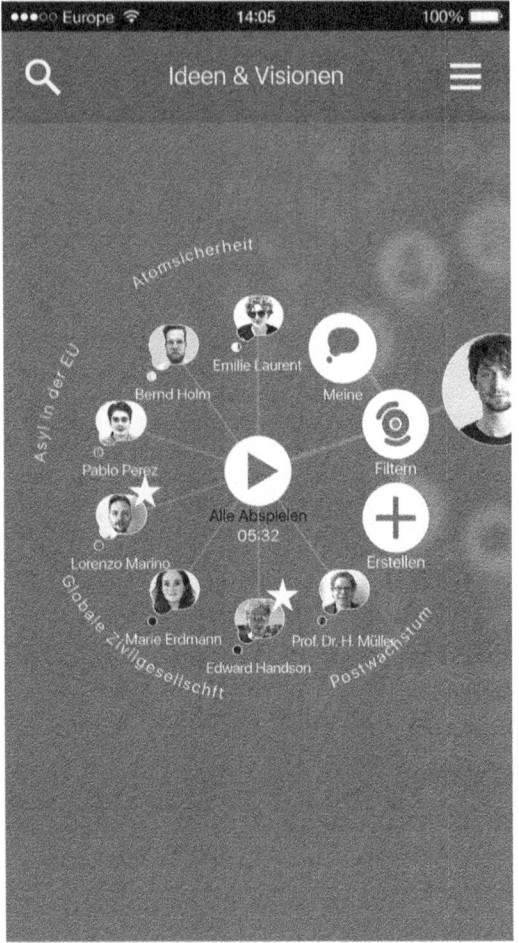

erprobt werden können. Darüber hinaus dient es dazu, die Teilnehmer auf ihre
kreativen Potenziale hinzuweisen und ihnen damit weitere Handlungsoptionen
für eine aktive Teilhabe an der Zukunftsgestaltung nahezulegen. Es bietet eine
Möglichkeit, Teilnehmer mit ähnlichen Vorstellungen und Ideen zu versammeln,
kommunikativ zu vernetzen und so möglicherweise auch die Entstehung von visi-
onären Gruppen im Realen zu fördern.

Abb. 11 Events – Mehrere
Veranstaltungen gliedern
sich nach Themen um
die zentrale Aktion „Alle
Abspielen". (Quelle: Eigene
Abbildung)

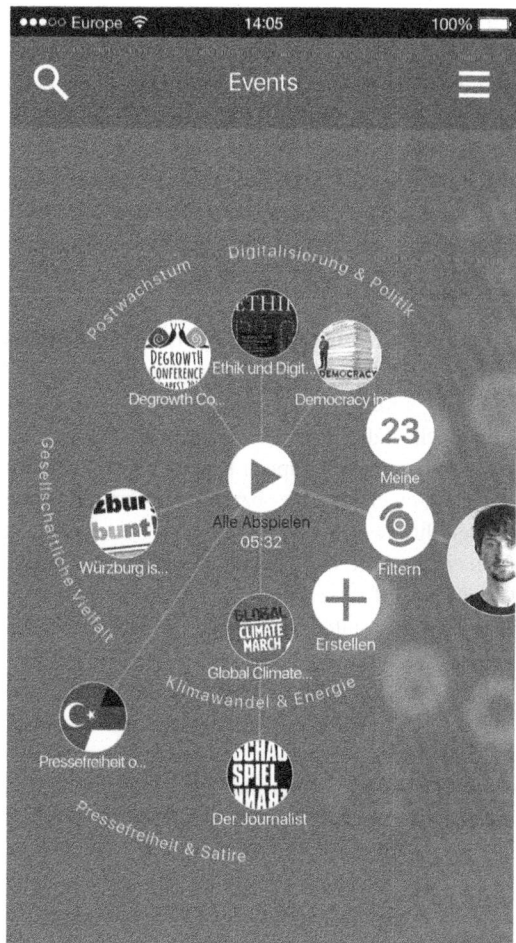

4.1.7 Veranstaltungen – „Events"

Da sich „necs" als eine Erweiterung der bestehenden Formen der Öffentlichkeit
darstellt, ist es wichtig, die unterschiedlichen Formen der Öffentlichkeit zu inte-
grieren. Das Format *Events* bietet ein Medium für öffentliche Ankündigungen
sowie Foren für weiterführenden Austausch und Nachbereitung gesellschaftspolitischer Veranstaltungen wie etwa Demonstrationen, Vorträge, Informationsveranstaltungen, Symposien, Veranstaltungen aus Kunst und Kultur etc.

Einzelne Teilnehmer, Gruppen oder Organisationen können in „necs" Veranstaltungen erstellen und sie damit auf einfachem Wege öffentlich ankündigen (siehe Abb. 11). Die Ankündigung erfolgt ebenso wie bei dem Format *Ideen & Visionen* in textlicher, visueller oder audiovisueller Form. Die Veranstaltungen müssen bei der Erstellung ebenso Themenkomplexen oder konkreten Sachverhalten mit Tags zugeordnet werden. Mithilfe dieses Formats können die Teilnehmer von „necs" gezielt nach Veranstaltungen zu Themen und Sachverhalten suchen, daran teilnehmen und anschließend mit anderen Teilnehmern und Interessierten über die unterschiedlichen „necs"-Formate in Kontakt treten.

4.1.8 Verbindung der Teilnehmer – „Kontakte"

„necs" verbindet Menschen durch Themen. Um die Teilnehmer auch themenübergreifend zu verbinden, gibt es *Kontakte* (siehe Abb. 12). Dieses Format ist das individuelle Adressbuch der Teilnehmer. Darüber kann man mit privater Kommunikation beginnen, Gruppen formen und Inhalte der einzelnen Formate untereinander mit einer Art Like- bzw. Teilen-Funktion weiterempfehlen. Die Teilnehmer können ihre themen- oder sachverhaltsbezogenen Verbindungen zu anderen Teilnehmern mithilfe des Formats *Kontakte* stärken, indem sie sich direkt mit ihnen vernetzen. Auf diese Weise können leicht Verbindungen zwischen Menschen mit ähnlichen oder unterschiedlichen thematischen Interessen quer durch Europa entstehen.

Mit wem ein Teilnehmer durch „necs" verbunden ist, ist wiederum für alle anderen Teilnehmer öffentlich einsehbar. Dadurch wird für alle einerseits ein sozialer Aspekt erkennbar, denn alle können leicht feststellen, über wie viele eigene Kontakte sie mit einer noch unbekannten Person verbunden sind. Andererseits werden auf diese Weise auch gesellschaftliche Aspekte erkennbar, da die Kontakte eines Teilnehmers u. U. Aufschluss darüber geben, woher sich bestimmte Überzeugungen eines Teilnehmers speisen. Die öffentliche Zugänglichkeit der Kontakte macht für alle transparent, welchen sozialen Gruppen ein Teilnehmer nahesteht, was es anderen wiederum erleichtert, die Absichten nachzuvollziehen, die z. B. hinter einem *Statement* stehen.

4.1.9 Versammlung zu Themenkomplexen – „Themen"

Das Format *Themen* stellt das Kernstück von „necs" dar. Alle zuvor genannten Formate sind zwar vollständig ineinander integriert, sodass alle Sachverhalte immer aus allen Perspektiven der unterschiedlichen Formate betrachtet werden können, doch das Format *Themen* bietet den Teilnehmern die Möglichkeit, alle Elemente der „new european civil society" zu Themenkomplexen zu versammeln. Hier wählen die Teilnehmer Themenkomplexe aus, für die sie sich

Abb. 12 Kontakte –
Angeordnet um die
Auswahl „Favoriten"
werden die entsprechenden
Kontakte dargestellt.
(Quelle: Eigene Abbildung)

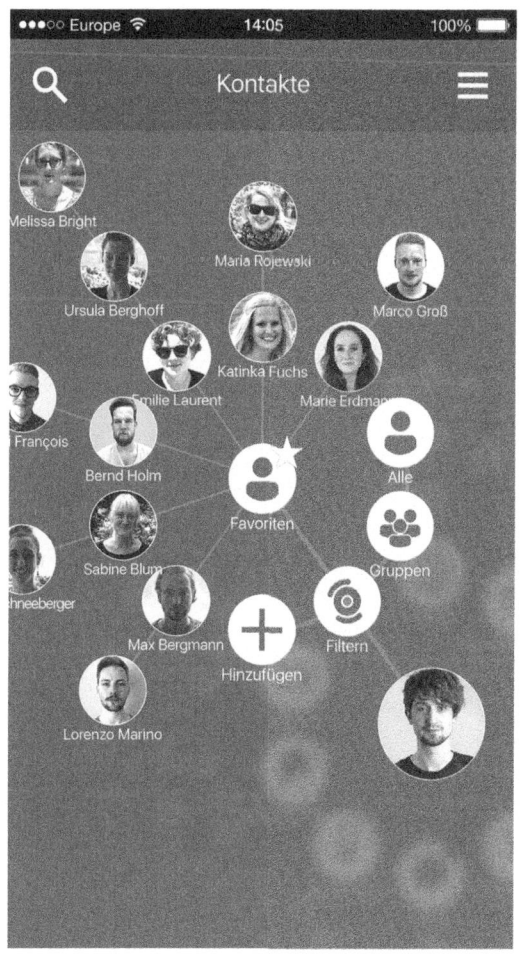

interessieren und in die sie sich öffentlich einklinken möchten (siehe Abb. 13).
Dieses „Opt-In" in gewisse Themen stellt somit eine Art Grundfilter der unzähligen Sachverhalte dar. Das Format *Themen* verbindet gezielt die zugehörigen
Elemente *News, Einschätzungen, Petitionen, Fragen, Statements, Events, Ideen
& Visionen* und andere Interessierte – *Kontakte* – zu Gesellschaftskomplexen. Es
ermöglicht allerdings ebenso die Zusammenhänge zwischen den unterschiedlichen Themenkomplexen zu betrachten (siehe Abb. 14). Damit erleichtert es den

Abb. 13 Themen –
Themen, in die sich der
Teilnehmer eingeklinkt
hat, ordnen sich um eine
Suchfunktion im Zentrum
an. (Quelle: Eigene
Abbildung)

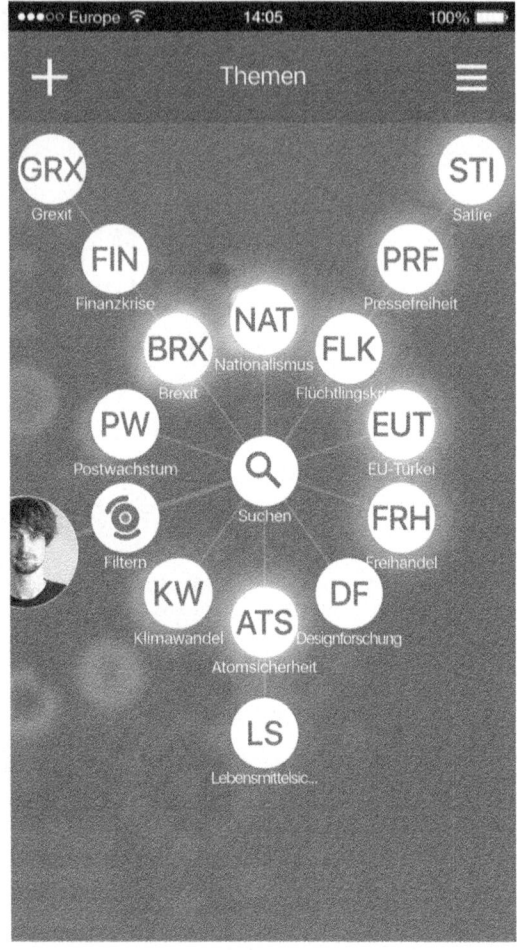

„necs"-Teilnehmern zu verstehen, in welchen Beziehungen und Wechselwirkungen sich die Themen ihres persönlichen Interesses mit weiteren Themen und den
entsprechenden Sachverhalten befinden.

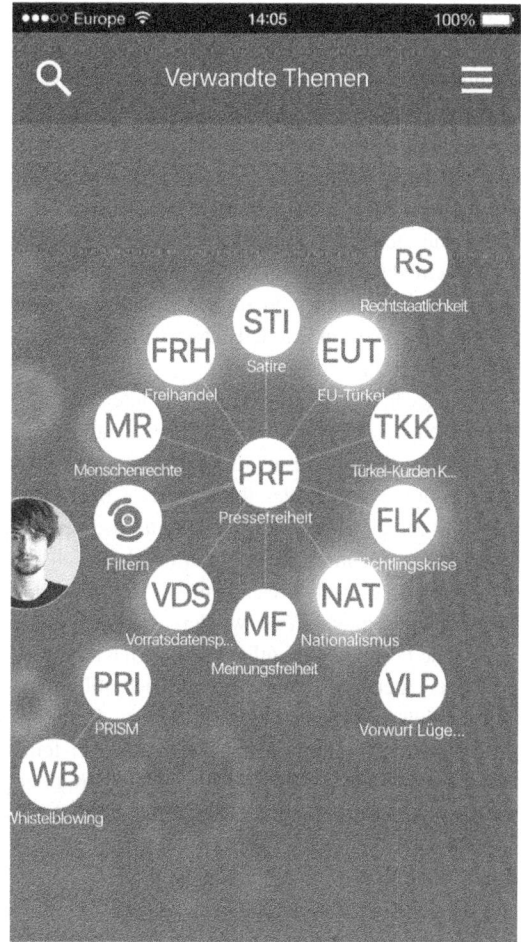

5 Mögliche Effekte

Die Effekte von „necs" sind ohne ausgedehnte Entwicklungs- und Testphasen nicht zu kalkulieren. Deshalb soll hier eine Analyse vorgenommen werden, um mögliche Effekte zu betrachten. Der Fokus wird im Folgenden auf der Frage liegen, welche Effekte von „necs" zu erwarten sind, wenn das Konzept realisiert wird.

Die Frage nach der Finanzierung von „necs" muss im Rahmen dieses Beitrags weitgehend ausgeklammert werden; es sollen nur einige denkbare Methoden der Finanzierung vorgeschlagen werden. Zu befürworten wäre ein großangelegtes Crowdfunding, das den Vorteil der Unabhängigkeit böte, weil die Möglichkeiten zur Einflussnahme durch große Multiakteure unterschiedlicher Art eingeschränkt würden. Aber auch eine Finanzierung durch Stiftungen wäre erstrebenswert. Ein weiterer möglicher Weg wäre eine Förderung durch die Europäische Union. Dabei müsste darauf geachtet werden, unmittelbare politische Einflussnahmen der verschiedenen politischen Akteure innerhalb der Europäischen Union auf Entwicklung, Teilnehmer und Informationen von „necs" zu unterbinden. Ähnliches gilt für Finanzierungsmodelle durch privatwirtschaftliche Investoren. Sicherlich sind auch Mischformen denkbar.

Die entscheidende Frage lautet: Könnte sich ein *civic medium* wie „necs" in der europäischen oder globalen Zivilgesellschaft etablieren? Werden die oben angesprochenen globalen Entwicklungen zivilgesellschaftlicher Netzwerke berücksichtigt, die derzeit in der Infosphäre zu beobachten sind, kann ein prinzipielles Interesse der globalen Zivilgesellschaft an einem solchen *civic medium* angenommen werden. Denn es ist zu erwarten, dass sich immer mehr Menschen, die sich die Chancen politischen Handelns im Digitalen zunutze machen möchten, für die Möglichkeiten interessieren werden, die ihnen ein *civic medium* wie „necs" durch seine neue Form der Öffentlichkeit bieten kann.

Entscheidend für eine erfolgreiche Etablierung eines solchen Mediums wird die Qualität sowohl des konzeptionellen Designs wie auch die Qualität seiner formalen Ausgestaltung sein. Dass dafür ein feinfühliger und interdisziplinärer Designprozess erforderlich sein wird, ist bereits angedeutet worden. Das bedeutet, dass das Design die Bedürfnisse, die kognitiven und emotionalen Fähigkeiten, die Lebensbedingungen der Menschen und auch die situativen Bedingungen, in denen Menschen ein solches Netzwerk verwenden werden, berücksichtigen muss. Nur so kann ein Interaktionskonzept, eine User Experience, ein User Interface und eine kommunikative (Marken-)Positionierung entwickelt werden, die zur aktiven Teilnahme an einer neuen Form der Öffentlichkeit in der Infosphäre animieren und damit die Zivilisierung der globalen Governance begünstigen.

Da „necs" als eine Visualisierung der Idee eines solchen *civic medium* zu verstehen ist und primär als Diskussionsgrundlage dienen soll, wird eine ausführliche Analyse der Qualität des User-Experience- und User-Interface-Konzepts an dieser Stelle nicht weiterverfolgt. Von größerer Bedeutung ist die Frage, ob die bewährten Formate für politisches und kommunikatives Handeln, die „necs" integriert, ihr kommunikatives Potenzial erfüllen.

Den Nutzern wird durch die konsequente Integration der Formate in „necs"
erleichtert und nahegelegt, zwischen den Formaten zu wechseln und so die verschiedenen politischen Handlungsmodi und unterschiedlichen Sichtweisen
zusammenzudenken und zu kombinieren. Daraus lässt sich folgern, dass die
Formate ihre bewährte kommunikative Funktion sogar steigern können. Die Verknüpfung von Formaten für Information und Kommunikation mit Formaten für
politisches Handeln, welches das Konzept von „necs" den Nutzern nahelegt, kann
dazu beitragen, das Verständnis von politischen und gesellschaftlichen Zusammenhängen in einer europäischen oder globalen Öffentlichkeit zu erweitern.
Dadurch, dass alle Formate, abgesehen von den privaten *Chats*, immer für alle
Teilnehmer öffentlich sind, wird es den Teilnehmern ermöglicht, die Interessenla-
gen und Beweggründe für politische Meinungen und Behauptungen nachzuvollziehen und zu bewerten.

Die konsequente Integration der unterschiedlichen Formate in „necs" könnte
darüber hinaus auch das Abkapseln von Gesellschaftsgruppen in engen Inte-
ressens- und Meinungsgemeinschaften vorbeugen. Zwar verknüpfen sich die
„necs"-Teilnehmer zunächst über Themenkomplexe miteinander, die für sie individuell interessant sind. Da die einzelnen Themenkomplexe jedoch zugleich auch
datentechnisch in Beziehung miteinander stehen, wird einem Abkapseln von verschiedenen Interessengruppen entgegengewirkt.

Auch können die Teilnehmer durch die direkte Integration von Optionen politischen Handelns leicht erfahren, welche gestaltende Rolle sie selbst in gesellschaftspolitischen Fragen einnehmen können. Es ist nicht unwahrscheinlich,
dass es so gelingen könnte, politische Ignoranz abzubauen. Denn Menschen, die
derzeit aus der Ermangelung von Partizipationsmöglichkeiten und der Unüber-
sichtlichkeit der gesellschaftlichen und politischen Zusammenhänge sowie einem
Gefühl der Machtlosigkeit politisch inaktiv sind, könnten so zu politischem Handeln motiviert beziehungsweise befähigt werden. Darüber hinaus könnte es gelingen, mit einem attraktiven User-Experience- und User-Interface-Design, das z. B.
spielerische Elemente mit einbezieht, Menschen an Politik heranzuführen, die
bislang politisch uninteressiert sind.

Am wichtigsten jedoch ist, dass „necs" der Zivilgesellschaft einen standardisierten kommunikativen Rahmen und eine politische Aktionsfläche bietet.
Würde es gelingen, ein auf Verständigung und die Abbildung von gesellschaftlichen Beziehungen und Zusammenhängen spezialisiertes Medium wie „necs"
zu etablieren, käme dies der Institutionalisierung der globalen Zivilgesellschaft
nahe. Denn die Zivilgesellschaft hätte global eine gemeinsame Aktionsfläche
mit standardisierten Kommunikationsmitteln und einem Set an Verfahrensweisen (oder wenigstens gemeinsamen Spielregeln), die sie zum Aushandeln ihrer

gemeinsamen Interessen sowie zur effektiven Bündelung und Kanalisierung ihrer allgemeinen Forderungen nutzen könnte.

Im Idealfall könnten die globale Zivilgesellschaft und ihre vielfältigen Strömungen mit „necs" Akteursqualitäten in der globalen Governance erlangen, womit sie befähigt wären, die globale Governance zu zivilisieren, sprich: auf die Schaffung allgemeingültiger Umwelt-, Rechts- und Sozialstandards hinzuwirken.

Literatur

Bauer, Christian (2016): Europäisches Design – eine Lebensform, in: Christian Bauer und Hanna Rosenthal (Hrsg.), Europa gestalten. Dokumentation des ersten Würzburger Europastipendiums (querfeldein 3 – Eine Schriftenreihe der Fakultät Gestaltung der Hochschule für angewandte Wissenschaften Würzburg-Schweinfurt), Würzburg, 64–90.

Becker, Michael (2012): Klassische und moderne politische Philosophie, in: Hans-Joachim Lauth und Christian Wagner (Hrsg.), Politikwissenschaft: Eine Einführung, Paderborn: UTB, 162–193.

Brock, Bazon (2009): Appell zur Zivilisierung der Kulturen durch die Kraft der Musealisierung, in: Christian Bauer (Hrsg.), Musealisierung als Zivilisationsstrategie. Fünftes Memorial am 24.11.2009. Ausbildung zum Diplom-Patient, Diplom-Rezipient, Diplom-Konsument, Diplom-Bürger, Diplom-Gläubigen. Arbeitsheft, Weimar: VDG, 13–16.

Elias, Norbert (1987): Wandlungen der Wir-Ich-Balance, in ders.: Die Gesellschaft der Individuen, hg. v. Michael Schröter, Frankfurt am Main: Suhrkamp, 207–315.

Erlhoff, Michael (2013): Theorie des Designs, München: Fink.

Floridi, Luciano (2015): Die 4. Revolution. Wie die Infosphäre unser Leben verändert. Aus dem Englischen von Axel Walter, Berlin: Suhrkamp.

Guérot, Ulrike (2016): Warum Europa eine Republik werden muss! Eine politische Utopie, Bonn: Dietz.

Höger, Hans und Kerstin Stutterheim (2005): Einführung, in dies. (Hrsg.), Design & Politik. Texte zur Relevanz gestalterischen Schaffens (querfeldein 1 – Eine Schriftenreihe der Fakultät Gestaltung der Hochschule für angewandte Wissenschaften Würzburg-Schweinfurt), Würzburg, 7–12.

Jonjic, Andrea et al. (2016): Die Transnationale Zivilgesellschaft – Hoffnungsträger in der Global Governance?, in: Würzburger Arbeitspapiere zur Politikwissenschaft und Sozialforschung, 8, Universität Würzburg.

Kuhn, Johannes (2015): Wie Avaaz und Change.org den Online-Aktivismus prägen, in: Online-Ausgabe der Süddeutschen Zeitung vom 10.04.2015, http://www.sueddeutsche. de/digital/digitaler-tatendrang-wie-avaaz-und-changeorg-den-online-aktivismus-praegen-1.2429045 (Zugriff am 24.10.2017).

Latour, Bruno (2009): Ein vorsichtiger Prometheus? Einige Schritte hin zu einer Philosophie des Designs, unter besonderer Berücksichtigung von Peter Sloterdijk, in Koenraad Hemelsoet, Marc Jongen und Sjoerd van Tuinen (Hrsg.), Die Vermessung des Ungeheuren. Philosophie nach Peter Sloterdijk, München: Fink, 356–373.

Mareis, Claudia (2014): Theorien des Designs zur Einführung, Hamburg: Junius.

Ottmann, Henning (2012): Geschichte des politischen Denkens. Band 4: Das 20. Jahrhundert. Teilband 2: Von der Kritischen Theorie bis zur Globalisierung, Kapitel XVIII: Demokratie jenseits des Nationalstaats – ein neues Paradigma oder eine neue Utopie? Frankfurt am Main: Springer, 379–393.

Pariser, Eli (2012): Die Filter-Blase. Wie wir im Internet entmündigt werden, München: Hanser.

Sommer, Bernd und Harald Welzer (2014): Transformationsdesign. Wege in eine zukunftsfähige Moderne, München: Oekom.

Wandelmut: Eine Onlineplattform zur Promotion von Postwachstumsprojekten

Kathrin Königl

Die Weltbevölkerung steht vor großen und vielleicht sogar unüberwindbaren ökologischen und sozialen Herausforderungen. Neben dem Klimawandel drohen Gefahren durch Zerstörung der Ökosysteme (vgl. Adloff und Leggewie 2014: 40), Übernutzung von Ackerböden, Wasserknappheit, Rohstoffverbrauch und Abholzung der Wälder (vgl. Jackson 2011: 32) sowie durch den Verlust der Biodiversität und das Aussterben von Tier- und Pflanzenarten (vgl. Statistisches Bundesamt 2014: 16 f.). Diese Gefahren sind größtenteils von Menschen gemacht. Exemplarisch kann hierfür das derzeitige Konsumverhalten angeführt werden, das in den Industriestaaten des globalen Nordens vorherrscht. Dieses trägt nicht nur zu ökologischen Schäden bei, es häufen sich auch wissenschaftliche Erkenntnisse darüber, dass ein übermäßiger Konsum nicht nur nicht zufriedener macht, sondern – im Gegenteil – Stress und Depressionen begünstigen kann (vgl. Paech 2014: 128). Der Soziologe und Politikwissenschaftler Robert Putnam spricht im Falle der USA außerdem von einem sich abzeichnenden „Zusammenbruch des Gemeinschaftssinns". Der übermäßige Konsum, so Putnam, würde zunehmend soziale Interaktionen ersetzen. Darüber hinaus basiert der Konsum in den Industrienationen auf der Ausbeutung von Menschen im globalen Süden (vgl. Hoffmann 2016), und in den westlichen Gesellschaften vergrößert sich die Kluft zwischen Arm und Reich (vgl. Mertens und Van Hees 2015). Auch hier braucht kaum erwähnt zu werden, dass die sozialen Probleme ebenso von Menschen gemacht sind wie die ökologischen und mitunter auf einem verantwortungslosen Handeln von Produzent_innen und Konsument_innen beruhen.

K. Königl (✉)
Würzburg, Deutschland
E-Mail: info@kathrinkoenigl.de

© Springer Fachmedien Wiesbaden GmbH, ein Teil von Springer Nature 2018
C. Bauer et al. (Hrsg.), *Gestaltung digitaler und politischer Wirklichkeiten*, Würzburger Beiträge zur Designforschung,
https://doi.org/10.1007/978-3-658-21736-5_2

41

Als treibende Kraft der modernen Verantwortungslosigkeit bezeichnet der Umwelt-
ökonom Niko Paech unter anderem die globale industrielle Arbeitsteilung und den
daraus resultierenden Grad der Fremdversorgung. Für viele Konsument_innen sei
das Ausmaß des eigenen Handelns durch diese Arbeitsteilung nicht ersichtlich und
begünstige das unhinterfragte Mitmachen (vgl. Paech 2014: 63, 144; vgl. hierzu auch
Lessenich 2016). Nicht nur die Produktion der Konsumartikel wird „outgesourced",
sondern auch die damit einhergehenden ökologischen und sozialen Folgeschäden
(verunreinigte Flüsse, Müllproduktion, geringe Löhne, unmenschliche Arbeitsbedingungen). Diese „Enteignung der Verantwortung" fördert dem Philosophen
Hans-Ernst Schiller zufolge das eigennützige Handeln, das durch politische und ökonomische Signale verstärkt würde. Deshalb bedürfe es politischer Maßnahmen, um
diejenigen zu unterstützen, die Verantwortung für andere übernehmen, die sie nicht
persönlich kennen (vgl. Schiller 2011: 182).

Doch auch wenn diese ökologischen und sozialen Herausforderungen seit
einigen Jahren vermehrt in Alltagsmedien sowie natur- und sozialwissen-
schaftlicher Forschung diskutiert werden, sind sie keineswegs neu. Seit 1972
ist mit der Veröffentlichung der Studie *Die Grenzen des Wachstums* des Club
of Rome bekannt, dass die absoluten Wachstumsgrenzen binnen hundert Jahren erreicht würden, sollte sich an fünf Tendenzen nichts verändern: wachsende
Weltbevölkerung, voranschreitende Umweltverschmutzung, ansteigender Ressourcenverbrauch, verstärkte industrielle Produktion und überbeanspruchte
landwirtschaftliche Nutzflächen (vgl. Meadows et al. 1972: 18). In den Folgepu-
blikationen des Club of Rome kritisierten die Autor_innen verstärkt den Kurs des
Wirtschaftswachstums, das sie als Hauptursache der Umweltzerstörung verantwortlich machten. Den entsprechenden Entscheidungsträger_innen unterstellen
sie mangelnde Handlungsbereitschaft in Bezug auf die Untersuchungsergebnisse
(vgl. Meadows et al. 1992: 172). Die Autor_innen verweisen deshalb auf eine
weitere Grenze: *die verbleibende Zeit für nötige Transformationen.* Unter Stress
sei es schwieriger, konstruktiv an Lösungen und Strukturveränderungen zu arbeiten, deshalb müssten wichtige Schritte vorsorgend getan werden (vgl. Meadows
et al. 2007: 231 f.).

Wachstumskritik als philosophisch-ökonomisches Konzept formte sich in
den 1970er-Jahren in Frankreich durch Wissenschaftler wie Serge Latouche. In
Wechselwirkung mit der Studie des Club of Rome etablierten sich dort alternative
Theorien, die eine einseitige Ausrichtung der Industrienationen auf Wirtschaftswachstum kritisieren. In den 1980er-Jahren wurde Wachstumskritik durch das
Konzept der nachhaltigen Entwicklung verdrängt, was für die darauffolgenden
zwei Jahrzehnte dominieren sollte (vgl. Muraca 2015: 108). Ökonom_innen wie

Irmi Seidl und Angelika Zahrnt kritisieren jedoch, dass die nachhaltige Entwicklung als nachhaltiges Wachstum („Grünes Wachstum") vereinnahmt würde, da wirtschaftliches Wachstum die Priorität erhalte (vgl. Seidl und Zahrnt 2010: 28). Erst zur Jahrtausendwende konnte die wachstumskritische Debatte erneut entfacht werden und etablierte sich im Zuge der Finanzkrise unter dem Sammelbegriff *Postwachstum* in Deutschland. Postwachstum fungiert als Schlüsselbegriff für eine neue, ganzheitlichere Ökonomie, die politische und gesellschaftliche Dimensionen einbezieht. Im Mittelpunkt steht die Suche nach konstruktiven Lösungsmöglichkeiten, wie sich Menschen auf der Basis zivilisatorischer Errungenschaften frei entfalten können, ohne dabei ökologische und soziale Grenzen zu überschreiten. Die Kernargumentation lautet, dass weiteres Wirtschaftswachstum im globalen Norden mit den sozialökologischen Zielen nicht vereinbar sei, da die Industrienationen über die ökologisch verträglichen Verhältnisse leben, wodurch die Belastbarkeit des Ökosystems bereits erreicht bzw. überschritten ist. In den Entwicklungs- und Schwellenländern des globalen Südens sei indessen Wachstum weiterhin notwendig, um auch dort zu einem angemessenen Wohlstandsniveau zu gelangen (vgl. Jackson 2011: 10, 58 f.). Im Zuge der Postwachstumsdebatte haben sich in den letzten Jahren verschiedene Begriffsverständnisse herausgebildet und – eng damit verbunden – ebenso unterschiedliche Lösungsansätze entwickelt. So bedeutet Postwachstum für einige Vertreter_innen ein reduziertes, sinnvolles Wachstum und nicht den Stopp jeglichen Wachstums (vgl. Seidl und Zahrnt 2010: 25). Vertreter_innen des „Grünen Wachstums" folgen der These, durch eine Entkopplung von Produktion und Ressourcenverbrauch ein ökologisches Gleichgewicht erzielen zu können (vgl. Jackson 2011: 116–125). Damit dies gelingen kann, so wenden Kritiker_innen wiederum ein, müsste jedoch eine absolute Entkopplung erzielt werden: steigende Wirtschaftsleistung müsste ohne weiteren Ressourcenverbrauch und Umweltzerstörung auskommen (vgl. Paech 2014: 93). Entkopplungsprozesse finden zwar zunehmend statt, häufig jedoch nur, weil ökologische Schäden externalisiert werden. Das bedeutet bspw., dass zukünftige Generationen für die Umweltkosten aufkommen müssen oder die Umweltschäden durch Produktionsverlagerungen nun in Entwicklungsländern entstehen (vgl. Spiegel Special 1992). Noch stärker verhindert jedoch der „Rebound-Effekt" Entkopplungserfolge. Beispielsweise werden Produktionen immer effizienter, dadurch jedoch auch günstiger angeboten und entsprechend vermehrt konsumiert (vgl. Welzer und Wiegandt 2013: 26 f.). Weiter wird argumentiert, dass das Bruttoinlandsprodukt (BIP) als Messgröße für den nationalen Wohlstand westlicher Industrienationen obsolet sei, da es sich auch durch Umweltkatastrophen oder Unfälle erhöht (vgl. Jackson 2011: 134) und somit nichts über den tatsächlichen Wohlstand aussagt. Es seien bereits angemessenere Wohlstandsindikatoren entwickelt worden (vgl. Seidl und Zahrnt 2010: 29), die auch die Lebensqualität im globalen Norden erhöhen könnten. Innerhalb des Diskurses herrscht somit keine Einigkeit bezüglich Erklärungs- und Lösungsansätzen (vgl. hierzu auch Schmelzer 2015: 119–121).

Auch bei der Frage, wie das unverantwortliche Handeln trotz drohender und wissenschaftlich nachgewiesener Gefahren erklärt werden kann, gehen die Meinungen auseinander. Serge Latouche spricht von einer Religion des Ökonomischen, in der an Überproduktion und Konsum festgehalten würde, obwohl es keinen nachweisbaren Zusammenhang zwischen materiellem Wohlstand und Zufriedenheit gäbe (vgl. Adloff und Leggewie 2014: 14). Der Sozialpsychologe Harald Welzer und der ehemalige Manager Klaus Wiegandt identifizieren hingegen die selbstoptimierende Ich-Zentrierung des Menschen als Treiber der Wachstumsidee, die nicht nur in Politik und Wirtschaft, sondern auch im „psychischen Aufbau der Menschen" verankert sei (Welzer und Wiegandt 2013: 42 f.). Diese „mentalen Infrastrukturen" hätten sich über Jahrzehnte gefestigt, weshalb neue Routinen erlernt werden müssten (vgl. Welzer 2014: 64). Welzer und der Kulturwissenschaftler Bernd Sommer konstatieren, dass die Transformationen unseres derzeitigen Wirtschafts-, Gesellschafts- und Kulturmodells aufgrund der oben skizzierten Entwicklungen in jedem Fall stattfinden würden. Die Frage sei lediglich, ob es gelingt, den noch verbleibenden Handlungsraum zu nutzen, um sie „von Menschen auf Basis von zivilisatorischen Errungenschaften wie Demokratie, Freiheit, Rechtsstaatlichkeit, sozialer Gleichheit und Solidarität" zu gestalten, oder ob sie durch die Gegebenheiten wie etwa Ressourcenknappheit und zunehmende Unruhen erzwungen würden (Sommer und Welzer 2014: 11). Es gäbe also nur zwei Möglichkeiten: „by design or by desaster" (ebd.).

Doch wie kann eine solche Chance auf Veränderung „by design" beschaffen sein? Einerseits könnte man diese Frage mit einer klaren Top-down-Strategie beantworten. Das heißt, zuerst müssten gesellschaftliche Institutionen (bspw. Alterssicherungssysteme, Gesundheits- und Bildungssektor, Arbeits- und Finanzmarkt, Steuerpolitik etc.) transformiert und anschließend Transformationsmaßnahmen auf der zivilgesellschaftlichen Ebene eingeleitet werden (vgl. Seidl und Zahrnt 2010). Voraussetzung wären eindeutige gesetzliche und politische Regularien, die von staatlicher Seite organisiert, überwacht und bei Verletzung auch sanktioniert würden. Offen bleibt dabei allerdings, ob eine solche Strategie auch das Bewusstsein der Bürger_innen trifft oder nicht einfach als eine weitere staatliche Maßnahme argwöhnisch hingenommen werden würde. Andererseits, und das bildet den Schwerpunkt meiner Arbeit, könnte man einen partizipativen Bottom-up-Ansatz verfolgen; gerne auch Grassroots-Bewegung genannt. Dabei wird der Zivilgesellschaft eine besondere Relevanz zugeschrieben. Das heißt, diejenigen Transformationen werden als wirkmächtig eingestuft, die durch lebenspraktische Alternativen initiiert werden: konkrete Unternehmungen, die den Alltag der Menschen direkt betreffen und an denen sie unkompliziert partizipieren können. Insbesondere lokale Initiativen, Vereine und Organisationen übernehmen hier eine Vorreiterrolle. Die Umgestaltung unserer Lebenswelt würde parallel und (weitgehend) unabhängig von Politik und bestehenden Institutionen aufgebaut werden, im Sinne einer „dezentrale[n] und autonome[n] Entwicklung vieler Rettungsboote" (Paech zitiert nach Adler 2015).[1]

Dieser Ansatz ist unter den jüngeren Generationen weit verbreitet. Denn laut der Shell-Jugendstudie von 2015 ist das politische Interesse unter den 15 bis 24-Jährigen gestiegen. Sie haben jedoch wenig Vertrauen in politische Institutionen und sympathisieren deshalb mit dem partizipativen Ansatz. Für sie steht der Versuch im Vordergrund, die Gesellschaft selbst zu gestalten (vgl. Maxwill und Olbrisch 2016: 12). Beide Ansätze, Top-down und Bottom-up, müssen sich dabei nicht gegenseitig ausschließen, sondern können durchaus in Wechselwirkung zueinander stehen. Während sich der Bottom-up-Ansatz dazu eignet, das Bewusstsein in der Bevölkerung zu fördern, kann die Top-down-Strategie einen politisch-juristischen Rahmen schaffen und unterstützend wirken.

Aber wie tragen lokale Postwachstumsprojekte zu einer Postwachstumsgesellschaft bei? Und wie kann das Informationsdesign intervenieren und als Schnittstelle zwischen Theorie und Praxis agieren? Um diesen Fragen nachzugehen, habe ich im Zeitraum von April 2014 bis Juni 2016 verschiedene Projekte in Würzburg begleitet, die wichtige Postwachstumsmerkmale aufweisen und deshalb als „Postwachstumsprojekte" identifiziert werden können. In Anlehnung an die Methode der qualitativen Typologie (vgl. Kluge 1999) selektierte ich final neun Projekte. Bei der Datenerhebung und der Auswertung habe ich mich an Ansätzen der interpretativen Sozialforschung und der damit verbundenen ethnografischen Feldforschung orientiert (vgl. Rosenthal 2015; Lueger 2010). Über den genannten Zeitraum habe ich bei diversen Projektaktionen, Feiern, Veranstaltungen und projektinternen Gruppendiskussionen bei Organisationstreffen teilgenommen. Neben vielen informellen Gesprächen mit Aktivist_innen liegen meinen Untersuchungen zudem drei qualitative Einzelinterviews zugrunde, die ich mit sehr engagierten Mitwirkenden geführt habe.

---

[1]Adler (2015) sieht durch den Aufbau von Parallelgesellschaften wiederum die Gefahr einer „subkulturellen Abkapselung in alternativer Gemeinschaftlichkeit", da Menschen mit öko-korrekten Lebensstilen und solidarischer Haltung mit dieser Strategie unter sich blieben. Es fungiere somit als Minderheitenprogramm.

Der vorliegende Artikel ist in vier Kapitel unterteilt. Zunächst erfolgt eine theoretische Herleitung, die dem Aufbau eines begrifflichen Instrumentariums dient und einige Bedingungen zum Gelingen eines gesellschaftlichen Kurswechsels aufzeigt. Dieser Teil dient zugleich als analytisches Instrumentarium für den zweiten Teil, in dem die Würzburger Projekte vorgestellt und mithilfe der angeführten Strategien und Bedingungen auf ihre „Postwachstumspotenziale" untersucht werden. Im dritten Teil folgt ein Designkonzept, das in ein praktisches Anwendungstool – eine projektübergreifende Website – mündet und einen Beitrag zur Förderung des Bottom-up-Ansatzes leisten kann. Am Schluss stehen eine Bewertung sowie eine Skizze der Chancen und Schwierigkeiten solcher Projekte.

1 Resilienzstrukturen durch Suffizienz, Konvivialität und Subsistenz: Bedingungen und Strategien für das Gelingen eines gesellschaftlichen Kurswechsels

Damit ein gesellschaftlicher Kurswechsel gelingen kann, müssen *Resilienzstrukturen* etabliert werden. Resilienz (lat. *resilire:* zurück- oder abprallen) bezeichnet die Fähigkeit, schwierige Veränderungen ohne anhaltende Beeinträchtigung zu überstehen, also Widerstandsfähigkeit. Resilienzstrukturen können sich aber nur dort etablieren, wo genügend Ressourcen zur Befriedigung der Bedürfnisse vorhanden sind und auch ein Wissen darüber besteht, wie mit diesen Ressourcen umzugehen ist.

Eine der Resilienzbedingungen für das Gelingen eines Kurswechsels ist *Suffizienz*. Suffizienz (lat. *sufficere:* ausreichen, genügen) bezieht sich auf einen geringeren Ressourcenverbrauch mithilfe einer Reduktion der Produktions- und Konsummenge und bildet neben Effizienz und Konsistenz[2] eine der drei Säulen der Nachhaltigkeit (vgl. Energieforschung Stadt Zürich 2014: 1). Der Begriff Suffizienz wurde 1993 durch den Soziologen Wolfgang Sachs im Rahmen der deutschen Nachhaltigkeitsdebatte etabliert und richtet sich auf die Frage nach dem richtigen Maß für das gute Leben (vgl. Schneidewind und Zahrnt 2013: 13 f.). Es handelt sich um eine politische Frage, die mit der Verortung zivilisatorischer Standards einhergeht. In der Politik und der konventionellen Ökonomie findet

---

[2]Durch Effizienz wird die Ressourcenproduktivität verbessert. Produktionsprozesse werden optimiert, sodass Energie und Ressourcen ergiebiger genutzt werden. Konsistenz verbessert die Produktion durch die Verwendung nachhaltiger Materialien und Herstellungsverfahren.

sie derzeit jedoch wenig Beachtung. Das ist damit zu begründen, dass Suffizienz eine Begrenzung erfordert, die in einer auf Expansion ausgerichteten Gesellschaft politisch schwer umzusetzen ist (vgl. ebd.: 11, 22). Die Fokussierung auf
Effizienz- und Konsistenzstrategien scheint aus diesen Gründen nachvollziehbar,
denn sie greifen das expansive Modell nicht an. Dass Effizienz und Konsistenz
ohne Suffizienz jedoch nicht ausreichen, wird mit Paechs Feststellung deutlich:
„Per se nachhaltige Technologien und Objekte sind schlicht undenkbar. Allein
Lebensstile können nachhaltig sein, wie der Rebound-Effekt an mehreren Stellen
deutlich machte. Nur die Summe der ökologischen Wirkungen aller von einem
einzelnen Subjekt ausgeübten Aktivitäten lässt Rückschlüsse auf dessen Nachhal-
tigkeitsperformance zu." (Paech 2014: 99) Somit ist die Suffizienzfrage nicht nur
im politischen Sinn heikel. Ökonomisch betrachtet bedeutet sie eine Reduktion
des Industrieoutputs, was eine Umstrukturierung großer Teile der profitorien-
tierten, materiellen Produktion zur Folge hätte. Zur Kompensation müssten neue
Geschäftsmodelle entwickelt werden, die sich am Gemeinwohl statt am Profit ori-
entierten. In besonderem Maße heikel ist die Suffizienzfrage aber, weil sie eine
Veränderung der mentalen Infrastrukturen voraussetzt. Beim sozialkritischen
Züricher Think Tank „Denknetz" (vgl. Denknetz 2015: 6) ist deshalb von einer
„Suffizienzrevolution" die Rede, die sich auf drei Ebenen vollziehen müsse: 1.
Individuelle Bewusstseinsänderung; 2. Veränderung der Produktionsbedingungen;
und 3. Suffizienzpolitik als staatliche Steuerungsmaßnahme. Ein sparsamer und
einfacher Lebensstil, wie ihn der Suffizienzgedanke impliziert, setzt wiederum
voraus, dass die Reduktion freiwillig geschieht (vgl. Jackson 2011: 157).

Resilienz und Suffizienz können aber nicht (nur) individuell gedacht werden.
Menschen leben und organisieren sich in Gemeinschaften, in denen sie ihren
Alltag bestreiten. Ein weiterer wichtiger Baustein zum Gelingen von Postwachstumstransformationen bildet entsprechend das Konzept der *Konvivialität* bzw.
der *konvivialen Technologien* (lat.: *convivere:* mit jemandem zusammenleben).
Der Begriff der Konvivialität steht grundlegend für freundschaftliche Kommunikation und die Freude des Beisammenseins (vgl. Adloff und Leggewie 2014: 12;
nach Vetter (2015: 142) steht er für Menschenfreundlichkeit. Konvivialität fungiert als Sammelbegriff für Commons[3] (Gemeingüter), Sharing (Gemeinschaftsnutzung), Gemeinschaftsproduktion und für das, was dem Gemeinwohl bzw.
Gemeinwesen dient sowie für Geselligkeit/Gemeinschaft.[4] Das Konzept geht auf

---

[3]Commons sind Güter, die für jede_n oder zumindest eine Gemeinschaft zugänglich sind.
[4]Da die Gemeinschaftsbildung historisch betrachtet häufig mit einer Abgrenzung von
anderen einhergeht, ist die Betonung relevant, dass Gemeinschaften im Sinne Illichs nie
geschlossen sein sollten (vgl. Gronemeyer o. J.).

den Sozialphilosophen Ivan Illich zurück, der in den 1970er-Jahren einen Gesellschaftsentwurf skizzierte, in dem Werkzeuge für den Menschen arbeiten, indem sie ihm die Arbeit erleichtern und die Produktivität erhöhen, ihn jedoch nicht ersetzen, wie es seit der Industrialisierung häufig der Fall ist (vgl. Illich 1975: 31). Diese Werkzeuge können Technologien, aber auch Institutionen und Infrastrukturen sein (vgl. Vetter 2015: 142). In einer konvivialen Gesellschaft werden diese Werkzeuge für die Allgemeinheit verfügbar, statt lediglich Expert_innen zugänglich zu sein (vgl. Illich 1975: 14). Oder diese Expert_innen stellen ihr Wissen der Allgemeinheit durch Open Source[5] zur Verfügung. In Kombination mit 3D-Druckern und offenen Werkstätten ergeben sich so wirkungsvolle Möglichkeiten konvivialer Technologien für das 21. Jahrhundert (vgl. Vetter 2015: 142). Auch der hier vorgestellte Designentwurf basiert auf dem Prinzip konvivialer Technologien.

Die konviviale Bedarfsproduktion würde eine Entflechtung der Transportwege begünstigen (vgl. Schmelzer 2015: 120), wodurch Emissionen und der Ressourcenverbrauch reduziert werden könnten. Darüber hinaus würde sich auch der Grad der Fremdversorgung reduzieren, der aus der globalen Arbeitsteilung resultiert (vgl. Paech 2014: 64 f.). Für den Umstieg auf konviviale Technologien seien Illich zufolge fundamentale strukturelle Veränderungen notwendig. Denn von der Produktivität zur Konvivialität überzugehen hieße, „einen ethischen Wert an die Stelle eines technischen Wertes, einen realisierten Wert an die Stelle eines materialisierten Wertes [zu] setzen." (Illich 1975: 32 f.). Deshalb muss das Konzept in Kombination mit der aktuellen Suffizienzdebatte und neuen makroökonomischen Entwürfen wie der Postwachstumsökonomie gedacht werden.

Resilienz kann außerdem nicht ohne ein bestimmtes Maß an Selbstständigkeit und Unabhängigkeit gedacht werden. Entsprechend stellt *Subsistenz* den letzten begrifflichen Baustein für das Gelingen von Postwachstumstransformationen dar. Subsistenz (lat. *subsistere:* stillstehen, aufhören, einhalten) steht für die (individuelle und gemeinschaftliche), gleichsam aus sich selbst heraus bestehende Selbstversorgung mit lebensnotwendigen Gütern. Im ökonomischen Kontext steht der Subsistenzbegriff für eine „Verkleinerung und Regionalisierung von Wirtschaftskreisläufen und die stärker am Eigenbedarf orientierte Produktion von Gütern"

---

[5]Open Source bedeutet ursprünglich die Quelloffenheit von Software, die dadurch der Allgemeinheit zugänglich ist. Mittlerweile hat sich eine weltweite soziale Open-Source-Bewegung etabliert (vgl. Bundeszentrale für politische Bildung o. J.).

(Sommer und Welzer 2014: 210).[6] Insbesondere die moderne, gemeinschaftsorientierte, urbane Subsistenzarbeit fördert nicht nur die Entkommerzialisierung wichtiger Lebensbereiche, sie ist, folgt man Paechs Thesen, die Bedingung für eine zukunftsfähige Gesellschaft (vgl. Paech 2014: 124 f.). Dies wäre eine Gesellschaft, in der die extrinsische Motivation zur Profiterzielung der intrinsischen Motivation zur Förderung des Gemeinwohls weichen würde. Damit die Transformation auf ein nachhaltiges Niveau gelingen kann, müsse der Subsistenzaufbau parallel zum Industrierückbau erfolgen. Die daraus resultierende Reduktion des monetären Einkommens würde somit aufgefangen. Außerdem könnten durch die Subsistenzarbeit handwerkliche Fähigkeiten erlernt werden, die in den vergangenen Jahrzehnten immer weniger verbreitet werden. Um damit anzufangen, braucht es Paech zufolge drei Kategorien: Zeit, handwerkliche Kompetenz und soziale Beziehungen (vgl. ebd.: 124). Hier ist zu erkennen, dass erst in Kombination der Strategien Suffizienz (Zeitwohlstand), Konvivialität (Gemeinschaft) und Subsistenz (Selbstwirksamkeit) Resilienz aufgebaut werden kann.

Laut Sommer und Welzer ist dieser praktische Ansatz im Sinne des Machens die einzige Möglichkeit, die Diskrepanz zwischen Bestehendem und wünschenswerten Veränderungen zu schließen (vgl. Sommer und Welzer 2014: 177 f.). Weil auf individueller Ebene allerdings nicht genug erreicht werden könne, müsse es eine Vielzahl kleiner Kollektive geben. Sie hätten das Potenzial, in der Summe auch national und global etwas zu bewirken, weil sie der Politik Signale geben könnten, dass die Gesellschaft bereit sei für Maßnahmen zur Förderung lokaler Resilienzstrukturen und globaler Klimaziele (vgl. Hopkins 2014: 56 f.). Sommer und Welzer zufolge kann zudem nur auf dieser Ebene mit neuen Möglichkeiten des Wirtschaftens und der partizipativen Politik experimentiert werden, die gesamtgesellschaftlich zu riskant wären (vgl. Sommer und Welzer 2014: 186). Diese Gemeinschaften verfügen jedoch oftmals nicht über die notwendigen Ressourcen, etwa für große technologische Entwicklungen. Veränderung benötigt deshalb eine Verbindung von lokaler und globaler Ebene. Um es mit den Worten des Soziologen Roland Robertson (1998: 214) zu sagen: Sie braucht das Prinzip der „Glokalität", das reziproke und synergetische Verhältnis von Mikro- (lokal) und Makroebene (global). Beispielsweise werden Technologien an die jeweilige Umgebung angepasst, oder vielfältige lokale Strategien zum Umweltschutz

---

[6]Für eine kritische Auseinandersetzung mit Subsistenz vgl. Bennholdt-Thomsen (2015: 162 f.); vgl. auch Bennholdt-Thomsen (o. J.); Illich (1975: 59).

können globale Auswirkungen haben; vorausgesetzt es wird in vielen Regionen
etwas für den Umweltschutz getan (vgl. auch Sommer und Welzer 2014: 180).

Damit lässt sich die Transition Town-Bewegung in Verbindung bringen, die
2006 in England von dem Umweltaktivisten Rob Hopkins initiiert wurde und
seitdem stetig wächst. Die Idee dahinter ist der Aufbau alternativer Wirtschafts-
formen des Tauschens, Schenkens, Teilens, Reduzierens, Selbermachens, Recy-
clings und Upcyclings, die sich allesamt der Postwachstumsidee zuordnen lassen.
2013 waren auf der Website des internationalen Transition Netzwerks bereits über
460 Initiativen in mehr als 43 Ländern verzeichnet (vgl. Transition Network o. J.).
Seit 2014 gibt es Transition Town auch in Würzburg. Einige der im Folgenden
aufgeführten Projekte haben sich unabhängig von Hopkins' Initiative entwickelt.
Aus Gesprächen mit Akteur_innen aller Projekte geht jedoch hervor, dass sie
mit einer Fusion zu Transition Town einverstanden wären. Im weiteren Verlauf
schließt die Bezeichnung Transition Town Würzburg deshalb alle von mir untersuchten Postwachstumsprojekte ein.

---

2   Ausgewählte Postwachstumsprojekte
in Würzburg

Computerspende

Durch die Computerspende wird wirtschaftlich benachteiligten Menschen die
Chance gegeben, am digitalen Leben teilzuhaben. Ohne den Zugang zu aktuellen
Informations- und Kommunikationsmöglichkeiten können heute Benachteiligun-
gen im sozialen Miteinander, bei der Stellensuche oder in der Schule entstehen. Um dem entgegenzuwirken, wird gespendetes Material aufbereitet und an
Bedürftige verschenkt. Menschen, die auf staatliche Förderung angewiesen sind,
sowie gemeinnützige oder mildtätige Organisationen können einen Computer
beantragen. Durch den Recyclingprozess ist das Projekt auch ökologisch sinnvoll.
In Würzburg wurde die Computerspende durch Angestöpselt, Verein für Digitalkompetenz e. V., 2011 initiiert (vgl. Angestöpselt e. V. 2016).

FabLab

Ein FabLab (engl: *fabrication laboratory*, Fabrikationslabor) ist eine offene
Werkstatt, die Privatpersonen den kostenlosen Zugang zu aktuellen Technologien und modernen industriellen Produktionsverfahren ermöglicht. Dazu zählen
3D-Drucker, Laser-Cutter und Fräsmaschinen. Durch ein FabLab werden Herstel-

lungsmöglichkeiten von der industriellen Produktion entkoppelt. Dadurch wird bspw. die Herstellung von Ersatzteilen möglich, die im Handel nicht erhältlich sind. Auch Eigenproduktionen können in einem FabLab realisiert werden. Weltweit gibt es derzeit rund 360 FabLabs (vgl. Fabrikations Labor 2016). Das erste FabLab wurde 2002 von dem Informatiker Neil Gershenfeld in den USA initiiert (vgl. Nerd2Nerd e. V. o. J.). Das FabLab in Würzburg wurde 2014 durch den Nerd2Nerd e. V. gegründet (vgl. FabLab Würzburg o. J.).

Foodsharing

Foodsharing wirkt der Lebensmittelverschwendung[7] entgegen, indem überschüssige Lebensmittel bei Händler_innen, Produzent_innen und Privatpersonen eingesammelt und kostenlos weiterverteilt werden. Foodsharing e. V. ist ein überregionaler Verein, der 2012 in Berlin gegründet wurde. Laut Aussage des Vereins konnten bis heute über vier Millionen Kilogramm Lebensmittel vor der Entsorgung gesichert und verteilt werden (vgl. Foodsharing e. V. o. J.).

In Würzburg etablierte sich 2014 eine Ortsgruppe des Foodsharing-Netzwerks. Zur Verteilung der Lebensmittel stehen unter anderem Fairteiler[8] bereit (vgl. Kultermann 2014).

Freirad

Freirad stellt kostenlos Leihfahrräder im Stadtraum bereit. Hierfür werden gespendete Fahrräder repariert und gekennzeichnet. Nach einmaliger, kostenloser Registrierung können die Leihräder kurzzeitig genutzt und anschließend zu einer der Leihstationen zurückgebracht werden. Mit diesem Angebot wird spontane Mobilität im Stadtraum ermöglicht und eine ökologische Alternative zum Autoverkehr angeboten (vgl. Luftschloss e. V. o. J). Das Konzept eines kostenfreien Stadtrad-Systems wurde 1995 in Kopenhagen entwickelt (vgl. Spiegel-Online 2012). Freirad ist ein Projekt des Würzburger Luftschloss e. V. (Umsonstladen), es startete 2013.

Freiraum

Der Freiraum Würzburg versteht sich als schwellenloser Raum, der unabhängig von sozialem Status, Herkunft oder monetären Mitteln besucht werden kann. Er

---

[7]Jährlich werden weltweit ca. 1,3 Mrd. Tonnen genießbare Lebensmittel entsorgt. Das entspricht einem Drittel aller produzierten Lebensmittel. In Deutschland sind es 11 Mio. Tonnen im Wert von ca. 25 Mrd. EUR (vgl. Verbraucherzentrale 2015).
[8]Fairteiler sind öffentlich zugängliche Kühlschränke oder Regale mit Lebensmitteln.

fungiert als nichtkommerzieller Ort der Freizeitgestaltung und Gemeinschaftsbildung. Nach dem Prinzip der Nachhaltigkeit besteht die Einrichtung des Freiraums aus gebrauchten Möbeln und Gegenständen und einer Givebox.[9] Neben Bildungsangeboten wie Vorträgen, Lesungen und Sprachkursen finden kreative Projekte in den Bereichen Kunst und Musik statt. Die Projekte verbinden gemeinnützige Absichten im sozialen, kulturellen und nachhaltigen Bereich (vgl. Freiraum Würzburg o. J.). Den Freiraum Würzburg e. V. gibt es seit Ende 2014.

Kleidertausch
Bei einem Kleidertausch besteht die Möglichkeit, gebrauchte Kleidung und Accessoires abzugeben, zu tauschen oder mitzunehmen. Der Textilexpertin von Greenpeace, Kirsten Brodde, zufolge ist dies eine Gelegenheit, die Lust auf Neues zu befriedigen, ohne den umweltschädigenden Konsum und die ausbeuterischen Arbeitsbedingungen in den Produktionsländern voranzutreiben. Dadurch eingespartes Geld könne in zertifizierte Kleidung investiert werden (vgl. Greenpeace e. V. 2015). Die Idee wird seit einigen Jahren in vielen Städten umgesetzt. In Würzburg wird der Kleidertausch von Transition Town Würzburg organisiert (vgl. Transition Würzburg Initiative o. J.).

Repair Café
In einem Repair Café können defekte Gegenstände in einer temporär eingerichteten Selbsthilfewerkstatt gemeinsam mit Expert_innen repariert werden. Durch diese Eigenarbeit kann sich die Wertschätzung von Gegenständen erhöhen. Das erste Repair Café wurde 2009 von der Journalistin Martine Postma organisiert. Weltweit sind über 1000 Repair Cafés registriert (vgl. Repair Café 2016). In Würzburg gehören themenspezifische Vorträge, Workshops, Unterhaltungsprogramm, Kaffee und Kuchen zum Rahmenprogramm. Das Repair Café ist ein weiteres Projekt der Transition Initiative in Würzburg und fand erstmals 2014 statt (vgl. Transition Würzburg Initiative o. J.).

Umsonstladen
In einem Umsonstladen werden neue und gebrauchte Gegenstände kostenlos nach dem Gabeprinzip angeboten. So können Bücher, Kleidung, Haushalts- und sonstige Gegenstände gespendet und/oder mitgenommen werden. Häufig stellen

---

[9]Eine Givebox ist ein Schrank oder ein Regal, in dem sich gebrauchte Gegenstände befinden, die kostenlos mitgenommen werden können (siehe Umsonstladen).

Umsonstläden auch an mehreren Standorten Giveboxen zur Verfügung. Die erste Givebox stand 2011 in Berlin (vgl. Stresing 2011). Auch in Würzburg werden nach diesem Prinzip an mehreren öffentlichen Orten Bücherregale zur Verfügung gestellt (vgl. ebd.). Den Umsonstladen des Luftschloss e. V. in Würzburg gibt es seit 2012 (vgl. Luftschloss e. V. o. J.).

Urban Gardening
Im urbanen Gartenbau werden Nutzpflanzen in selbstgebauten Behältnissen angepflanzt und öffentlich zugänglich gemacht. Ziel ist es, den Stadtraum durch Nutzpflanzen zu begrünen und das konventionelle Angebot um eine kostenlose regionale Nahrungsmittelversorgung zu ergänzen. Neben der aktiven Mitgestaltung des Stadtraumes soll der Zugang zu Lebensmitteln unabhängiger vom Handel gemacht und ein Bewusstsein für die Herkunft und Produktion von Lebensmitteln geschaffen werden. Die *Stadtgärtner* gibt es seit 2012 in Würzburg (vgl. Stadtgärtner Würzburg o. J.).

Den ausgewählten Projekten ist gemein, dass sie Output-Kategorien generieren, die für eine Postwachstumsgesellschaft relevant sind. Paech ordnet der urbanen Subsistenz drei Kategorien zu: Nutzungsintensivierung durch Gemeinschaftsnutzung, Verlängerung der Nutzungsdauer und Eigenproduktion (Paech 2014: 120 f.). In der Tab. 1 werden diese Output-Kategorien den Projekten zugeordnet. Im Anschluss erfolgen exemplarische Überlegungen und Erläuterungen zu den Resilienzmerkmalen einiger Projekte.

Die Computerspende begünstigt Suffizienz durch die Wieder- bzw. Weiterverwertung entsprechender Hardware. Ökologisch betrachtet sind die Suffizienzmerkmale somit erfüllt; da sich Geber_innen und Empfänger_innen jedoch unterscheiden, muss dieser Aspekt differenzierter betrachtet werden. Faktisch können sich die Empfänger_innen aufgrund fehlender finanzieller Mittel keine Neuanschaffung leisten, wodurch aus dieser Perspektive eine unfreiwillige Suffizienz vorliegt. Das Angebot der Computerspende leistet an dieser Stelle zwar Abhilfe, dennoch muss hier der Aspekt der Armut thematisiert werden, der das Wohlstandsempfinden mindern kann. Denn, wie bereits dargestellt, ist hierfür die Freiwilligkeit der Reduktion eine Voraussetzung.

Konvivialitätsmerkmale liegen bei den Projekten in unterschiedlicher Ausprägung vor und können in drei Kategorien eingeteilt werden: 1. konviviale Technologien und Werkzeuge, 2. konviviale Institutionen und 3. Commons. Insbesondere

Tab. 1 Suffizienz-, Konvivialität- und Subsistenzmerkmale der Postwachstumsprojekte. (Quelle: Eigene Abbildung)

Projekt	Fördert Suffizienz durch	Fördert Konvivialität durch	Fördert Subsistenz durch
Computerspende	Nutzungsdauerverlängerung	Gemeinwohlorientierung	Entkommerzialisierung
FabLab	Nutzungsintensivierung	Gemeinschaftsnutzung Gemeinschaftsproduktion Eigenproduktion	Eigenproduktion Konvivialität Entkommerzialisierung
Foodsharing	Verwendung von Vorhandenem (Nutzungsdauerverlängerung)	Gemeinwohlorientierung Teilen	Entkommerzialisierung
Freirad	Nutzungsdauerverlängerung Nutzungsintensivierung	Gemeinwohlorientierung Gemeinschaftsnutzung	Entkommerzialisierung
Freiraum	Verwendung von Vorhandenem Nutzungsintensivierung	Gemeinwohlorientierung Gemeinschaftsnutzung	Entkommerzialisierung Konvivialität
Kleidertausch	Nutzungsdauerverlängerung	Gemeinwohlorientierung	Nutzungsdauerverlängerung Entkommerzialisierung
Repair Café	Nutzungsdauerverlängerung	Gemeinwohlorientierung Gemeinschaftsnutzung	Konvivialität Entkommerzialisierung
Umsonstladen	Nutzungsdauerverlängerung	Gemeinwohlorientierung	Entkommerzialisierung
Urban Gardening	Subsistenz	Gemeinwohlorientierung Gemeinschaftsnutzung Eigenproduktion	Entkommerzialisierung Eigenproduktion

dem FabLab sind alle drei Ausprägungen inhärent. Zum einen wird Expert_
innenwissen hier explizit für den Menschen und nicht aus Profitgründen eingesetzt. Der Zugang zu den Maschinen steht allen offen. Die Produktion und die
Nutzung der Geräte weist sie somit als konviviale Technologien im Sinne der
Commons aus. Das FabLab ist außerdem in seiner Gesamtheit eine konviviale
Institution, die den gemeinschaftlichen Eigenbau und lokale Produktion begünstigt. Auch der Freiraum ist eine konviviale Institution, die auf konviviale Nutzung
ausgelegt ist. Im Sinne Illichs versteht sich der Freiraum als ein Ort der offenen
Gesellschaft.

Alle Projekte weisen insofern auch Subsistenzmerkmale auf, als dass sie zur
Entkommerzialisierung beitragen. Zwar gehen sie teilweise über die Deckung der
Grundbedürfnisse hinaus, aufgrund des Lebensstandards in Deutschland lassen
sie sich jedoch der erweiterten Subsistenz zuordnen (bspw. Mobilität – Freirad;
Zugang zu Kommunikationsmitteln – Computerspende).

Am Beispiel von Freirad wird deutlich, dass die Resilienzmerkmale sich
reziprok verhalten und sich konviviale Merkmale mit Suffizienzgedanken treffen. Das Freirad selbst ist ein konviviales Werkzeug: Es dient Menschen, ohne
die Umwelt zu belasten und trägt durch die Reduktion von Emissionen wiederum
zum Gemeinwohl bei. Und da die Räder zur Gemeinschaftsnutzung bereitste-
hen, ist das Projekt auch in diesem Zusammenhang konvivial (Commons). Durch
die Nutzung eines mechanischen Fahrrads wird weniger CO_2 freigesetzt. Die
Nutzungsdauerverlängerung und Nutzungsintensivierung fördern ebenfalls Suffizienz. So führt das Projekt zu Resilienz, denn ein suffizienter und konvivialer
Lebensstil ist unabhängiger von Ressourcen (in diesem Beispiel insbesondere von
Erdöl). Ferner erhöht die Entkommerzialisierung – als Subsistenzmerkmal – wieder die Suffizienz; es wird weniger Geld benötigt.

Wie die Jahreszahlen der Gründung aufzeigen, haben sich einige Projektideen
kurz nach ihrer Entstehung bereits in Würzburg etabliert. Alle in dieser Arbeit
berücksichtigten Projekte sind zwischen 2011 und 2016 entstanden. Dies kann als
empirischer Beleg dafür gedeutet werden, dass Veränderungen auf lokaler Ebene
gut funktionieren und schnell vorangebracht werden können. Nicht zu unterschät-
zen ist außerdem die Vorreiterrolle, die die Akteur_innen der Projekte einnehmen.
Hierzu fasst Paech zusammen:

> Für gesellschaftlichen Wandel brauchen Sie zunächst Pioniere, die geringe Risikoa-
> version haben und keine Angst, sich lächerlich zu machen. Dann kommen die, bei
> denen die Beobachtung der Pioniere ausreicht, um auch mitzumachen. Dann die, die
> ein Netzwerk brauchen. Dann werden jene stimuliert, die sich erst kuschlig genug
> fühlen, wenn das Neue von genug Leuten gemacht wird. Und irgendwann sind wir

am Punkt angekommen, wo eine soziale Dynamik ausgelöst wird. Diese Diffusions-
logik zeigt, dass es gar nicht funktionieren kann, gleich in den Mainstream zu gehen
(Paech in Unfried 2012).

In dieser Hinsicht wirken die Initiativen als Multiplikatoren auf drei Ebenen: ökonomische Transformationen, soziales und politisches Bewusstsein sowie individuelle und kollektive Verhaltensänderungen.

Insbesondere der Aspekt der individuellen und kollektiven Verhaltensänderung wird durch die Projekte begünstigt. Sommer und Welzer geben zu bedenken, dass Transformationen nur teilweise kognitiver Arbeit bedürfen. Primär seien
es „unbewusste Praktiken, Routinen, Gewohnheiten" und bestimmte Wahrneh-
mungsmuster (Sommer und Welzer 2014: 106), die für Transformationen entscheidend sind. Entsprechend lässt sich den Würzburger Projekten die Funktion
von „Trainingscamps" für Verhaltensänderungen zuschreiben: Ihnen sind einerseits Resilienzmerkmale inhärent und andererseits tragen sie durch eine Veränderung der mentalen Infrastrukturen zu einer Verhaltensänderung bei. In Anlehnung
an das Modell der Suffizienzrevolution wird deutlich, dass die Postwachstumsprojekte auf allen drei Ebenen greifen: 1. Individuelle Bewusstseinsänderung, 2.
Veränderung der Produktions- und Nachfragebedingungen, 3. Bottom-up-Politik.

Veränderungen sind also weniger abstrakt als vielmehr praktisch zu denken.
Das wirft die Frage auf, welche Rolle den einzelnen Aktivist_innen zukommt,
ohne die die Projekte überhaupt nicht denkbar wären. Innerhalb der untersuchten Projekte lassen sich zwei Typen von Akteur_innen ausmachen: a) Akteur_
innen, bei denen eine resilienzfördernde Verhaltensweise im Vordergrund steht
und die auf ein bestimmtes Projekt und das damit einhergehende Themengebiet
beschränkt sind (etwa weil die Idee des Projekts gefällt); b) Akteur_innen, bei
denen eine ganzheitliche suffiziente und konviviale Verhaltensweise über das Projekt hinaus besteht, sei es weil die Partizipation an Projekten zu Veränderungen
des Lebensstils geführt hat oder weil die Akteur_innen durch ihren Lebensstil zu
den Projekten gekommen sind.

Insgesamt kann eine Korrelation zwischen suffizienten und konvivialen Projekten und suffizienten, konvivialen und dadurch resilienten Lebensstilen fest-
gestellt werden. Häufig entwickeln sich Akteur_innen, die als „Typ a" zu dem
Projekt kamen, zu Akteur_innen des „Typ b", da die Projekte und die Interaktion
mit anderen Akteur_innen zur Veränderung des Lebensstils beigetragen haben.
Zudem ließ sich beobachten, dass viele Mitwirkende die Projekte zunächst eigen-
nützig als „Kund_innen" aufgesucht haben und die Idee des Projekts dann so
überzeugend fanden, dass sie sukzessiv Aufgaben übernommen haben. Die Verantwortungsübernahme stieg proportional zum Grad der Identifikation mit der

Projektidee an. Ferner sind einige Aktivist_innen bei mehreren Projekten aktiv, manche haben sogar mehrere Projekte mit aufgebaut. Nebenher haben wiederum mehrere Mitwirkende ihre Erwerbsarbeitszeit gesenkt und investieren die freigewordene Zeit in die Projekte. Andere beteiligen sich ausschließlich additiv zu ihrer Erwerbsarbeitszeit und erzählen mitunter von der Gefahr, sich zu überlasten.

Interessant ist auch, dass Postwachstumskenntnisse nicht unbedingt die treibende Kraft für die Projekte gewesen sind. Einige Mitwirkende sind zwar bereits vertraut mit der Postwachstumsdebatte und haben ihre Lebensweise entsprechend ausgerichtet. Andere haben von dem Begriff Postwachstum jedoch noch nie gehört, stimmen nach einer kurzen Einführung der dahinterstehenden Idee aber häufig zu und interessieren sich dafür. Diese Menschen transformieren ihren Lebensstil intuitiv.

Ob implizit oder explizit: Die Arbeit der Initiativen ist *politisch* – und auch das auf mehreren Ebenen. Implizit fungieren die untersuchten Projekte als Postwachstumstreiber und explizit sind alle Initiativen offen für den Postwachstumsgedanken. Einige Projekte sind aus der Intention heraus entstanden, Bottom-up-Politik zu betreiben. Andere wurden aus vorwiegend pragmatischen Gründen initiiert, verfolgen jedoch implizit im Sinne der hürdenlosen Bottom-up-Partizipation eine pragmatische Politik. Durch die Etablierung alternativer Strukturen dienen die Projekte als Beispiele sanftmütiger und insbesondere konstruktiver Dissidenz.[10] Darüber hinaus ist durch die Projekte eine Entwicklung möglich, die für erfolgreiche Transformationsprozesse ausschlaggebend sein könnte. Der Übergang zu suffizienten Lebensstilen gelingt hier ohne ein politisches Verzichtsdiktum. Die Deprivilegierung wird nicht als solche empfunden, da sie erstens auf Freiwilligkeit beruht und zweitens mit Mehrwerten wie Zeitwohlstand, Gemeinschaft und Partizipation einhergeht.

Mit Hopkins lässt sich zudem die Relevanz der Projekte für die Kommunalpolitik heranziehen:

> Transition ist ein von der Gemeinschaft designter Bottom-up-Prozess, bei der Gemeinden die Werkzeuge, Ressourcen und Unterstützung bekommen sollten, die sie brauchen, um zu entwickeln, was sie für sinnvoll halten. Die Aufgabe der Politik wäre es sicherzustellen, dass sie ihre Vorstellungen auch tatsächlich umsetzen können. Es geht nicht um bedeutungslose Beteiligungsverfahren, sondern darum, wirklich etwas vor Ort zu bewirken (Hopkins zitiert nach Sommer und Welzer 2014: 184).

---

[10]Der Begriff „sanftmütige Dissidenz" wurde vom Transform-Magazin geprägt und steht dafür, den gesellschaftlichen Wandel anzustoßen, ohne eine Richtung vorzugeben. Dabei muss nicht auf ein schönes, genussvolles Leben verzichtet werden (vgl. Stenger 2015).

In Würzburg kann derlei Unterstützung an einigen Stellen bereits verzeichnet werden. Dem Urban Gardening beispielsweise wurden weitere öffentliche Anbauflächen und dem Repair Café räumliche Unterstützung seitens der Stadt Würzburg zugesagt. Ferner gibt es in Würzburg einen Klimaschutzmanager, der die Vernetzungsarbeit der Initiativen unterstützt. Auch die Umweltstation der Stadt Würzburg leistet durch die Kostenübernahme von Informationsmaterial und die Veröffentlichung von Pressemitteilungen einen wichtigen Beitrag. Sie ist die Koordinationsstelle der lokalen Agenda 21 und fungiert als Institution zur Umweltbildung in Würzburg. Sie hat außerdem den Impuls für den *Aktionstag Zukunft* gesetzt, der seit 2016 jährlich stattfindet. Würzburg weist zwar erhebliches Ausbaupotenzial auf, lässt sich aber gleichwohl als tendenziell positives Beispiel zivilgesellschaftlicher und politischer Zusammenarbeit ausmachen. Verbesserungen wären möglich und auch notwendig, um die Projektgedanken auch gesamtgesellschaftlich in Würzburg zu etablieren. In Gesprächen mit Akteur_innen wurde bspw. deutlich, dass mindestens zwei hauptamtliche Mitwirkende benötigt würden, um die Initiativen in organisatorischen Belangen zu entlasten und die Projekte angemessen auszubauen. Mit derlei unterstützenden Maßnahmen könnte die Stadt starke Signale für einen erforderlichen Kurswechsel setzen.

Bottom-up-Ansätze können ebenso in politische Regulierungsmaßnahmen münden. 2015 wurde in Frankreich unter anderem durch die Vorarbeit von Foodsharing ein Wegwerfverbot von Lebensmitteln für Supermärkte eingeführt. Überschüssige und noch genießbare Lebensmittel müssen seitdem weiterverwertet bzw. kostenlos angeboten werden.[11] Manfred Linz und Alexandra Palzkill-Vorbeck vom Wuppertal Institut für Klima, Umwelt, Energie sehen in Foodsharing ein Beispiel praktizierter Suffizienzpolitik, das durch seine Aufklärungsarbeit machtpolitische Regulierungen erleichtern könne (vgl. Linz und Palzkill-Vorbeck 2015).

Mit Paech (2014: 143) lässt sich schließlich auch die Ebene der *Ökonomie* anführen. Denn auch sein Konzept einer Postwachstumsökonomie wird derzeit vorrangig durch die Arbeit der Initiativen erprobt. Die Initiativen experimentieren mit alternativen ökonomischen Strukturen, die auch von Unternehmen professionalisiert werden könnten. Hierbei müssen jedoch kommerzielle und progressive Modelle unterschieden werden. Ein Beispiel für ersteres wäre Carsharing. Paech gibt zu bedenken, dass kommerzielle Anbieter das Prinzip des „Fremdversorgungsregimes" weiterhin fördern würden und deshalb nicht transformativ genug

---

[11]Nur ein Bruchteil der Lebensmittelverschwendung ist jedoch auf die Betriebe zurückzuführen (vgl. Eisenberger und Liebrich 2015). In erster Linie muss eine Bewusstseinsveränderung bei den Verbraucher_innen stattfinden.

seien – auch wenn die Nutzeneffizienz dadurch erhöht würde (Paech 2014: 123).
Er sieht deshalb in der urbanen Subsistenz eine Möglichkeit, die Rolle der Kon-
sument_innen sukzessiv zu der von Prosument_innen oder Koproduzent_innen
zu transformieren. Sie würden das (ko)produzieren, was sie auch konsumieren,
und in diesen Bereichen die Industrieproduktion ersetzen (vgl. ebd.). Genau dieses Prinzip etablieren die Initiativen bereits im Kleinen. Außerdem werden hier
die sich in einer Postwachstumsökonomie verändernden Unternehmensstrukturen
erprobt. Paech zählt dazu: „Lokale und regionale Beschaffung, um Supply Chains
zu entflechten", die „Direkt- und Regionalvermarktung" und somit eine „Ver-
kürzung von Wertschöpfungsketten und Stärkung kreativer Subsistenz" (ebd.:
131 f.). In Würzburg wird das beispielsweise durch Urban Gardening und die
2017 gestartete Verbraucher-Erzeuger-Gemeinschaft (VEG) umgesetzt. Das Fab-
Lab hat z. B. das Potenzial für die „Entwicklung modularer, reparabler, an Wie-
derverwertbarkeit und physischer sowie ästhetischer Langlebigkeit orientierter
Produktdesigns, um urbane Subsistenzleistungen zu erleichtern"; und im Repair
Café wird praktiziert, was Paech unter einem „Prosumenten-Management" versteht, dass nämlich „Unternehmen [...] über die Herstellung von Produkten und
Dienstleistungen hinaus Kurse oder Schulungen anbieten, um Nutzer zu befähigen, Produkte instand zu halten, zu warten und zu reparieren" (ebd.). Zwei weitere Maßnahmen, die von den Unternehmen initiiert werden müssten, wären die
„Unterstützung von und Teilnahme an Regionalwährungssystemen" und verän-
derte Arbeitszeitmodelle, die „eine Reduktion und Umverteilung von Arbeitszeit
erleichtern" und somit „Subsistenzinput eigene Zeit" erhöhen könnten (ebd.).

Derartige Professionalisierungsmaßnahmen würden die Wirksamkeit neuer
ökonomischer Strukturen erhöhen, die von der Transition-Bewegung bereits initiiert wurden. Im Idealfall würde das Angebot der Initiativen und der Unternehmen
in Zukunft koexistieren. Somit bestünde die Möglichkeit, entweder professionelle Reparaturen beispielsweise durch einen offiziellen Reparaturservice – hier
stünde die Effizienz im Vordergrund – oder das Angebot eines Repair Cafés in
Anspruch zu nehmen, bei dem das Konviviale und das Partizipative im Vordergrund steht. Auch weil kaum zu erwarten ist, dass Lebensstile des Do-it-Yourself
und Do-it-Together von der Gesamtbevölkerung adaptiert werden, scheint eine
zukünftige Koexistenz sinnvoll.

In Bezug auf die eingangs gestellte Forschungsfrage, wie lokale Postwachstumsprojekte zu einer Postwachstumsgesellschaft beitragen können, lässt sich
nun festhalten: Postwachstumsprojekte fördern das Gemeinschaftsgefühl, die
intrinsische Motivation, Verantwortungsbewusstsein und Selbstständigkeit,
Selbstwirksamkeit, Partizipation und Kreativität, Resilienz durch Suffizienz, Konvivialität und Subsistenz, eine umweltschonende und soziale Entwicklung sowie

ein anderes Wohlstandsverständnis. Außerdem sind sie Multiplikatoren anderer Lebensstile und Versuchslabore für Strukturveränderungen. Sie schaffen somit Strukturen, die ökonomisch und politisch adaptiert werden können.

3 Interventionsmöglichkeiten des Informationsdesigns

Was kann nun das Informationsdesign leisten, um Postwachstumsprojekte zu unterstützen und einen allgemeinen Kurswechsel voranzutreiben? Schließlich bedarf es einer konstruktiven gesellschaftlichen Aufklärung, die meines Erachtens nur funktionieren kann, wenn der Fokus auf den Möglichkeiten und Lösungsvorschlägen, also den Handlungsoptionen, liegt. Die von mir erstellte Onlineplattform „Wandelmut" nimmt darauf Bezug und wird nach einem abschließenden Exkurs näher erläutert.

Wie bereits dargestellt, ist die derzeitige gesellschaftliche Logik auf Expansion ausgerichtet. Die gängige Zukunftsvorstellung vieler Menschen beinhaltet beispielsweise ein größeres Auto, mehr Unterhaltungselektronik oder den Besitz eines eigenen Hauses. Auch die ökologischen und gesellschaftlichen Problemlösungen werden expansiv gedacht, statt die einfache Möglichkeit der Reduktion als Lösungsansatz in Erwägung zu ziehen (vgl. Paech 2014: 145). Die jahrzehntelange Strategie des Wirtschaftswachstums hat dies zu einem Synonym für Wohlstand werden lassen. Es scheint deshalb nachvollziehbar, dass notwendige Transformationsprozesse Unbehagen erzeugen können. Der Soziologe Heinz Bude gibt jedoch zu bedenken, dass es „einen großen Unterschied [macht], ob man sich in einer scheiternden, in einer sich verändernden oder in einer verschwindenden Welt sieht" (Bude 2014: 124). Demnach sind weniger die Gegebenheiten als vielmehr deren Interpretation für das persönliche Empfinden ausschlaggebend. Der Philosoph Hajo Eickhoff formuliert es so: „Angst vor dem Neuen rührt her von der Angst vor dem Verlust des Vertrauten und der Sicherheit des Handelns. Wandel setzt Entwöhnung voraus" (Eickhoff 2009: 36).

Für Welzers Arbeit ist das Aufzeigen von Zukunftsmöglichkeiten zum Schwerpunkt geworden. Seine Begründung: „Denken von der Zukunft her öffnet neue Möglichkeiten, das Denken vom Status quo her schränkt sie systematisch ein auf das, was man schon kennt" (Welzer 2014: 289). Er bezieht sich dabei auf die Idee des „Möglichkeitssinns" in Robert Musils Roman *Der Mann ohne Eigenschaften*. Wenn es einen Sinn für die Wirklichkeit gibt, müsse es Musil zufolge auch einen für Möglichkeiten geben; letzterer sei sogar die Voraussetzung des Handelns (vgl. Eickhoff 2009: 16).

Die Förderung des Möglichkeitssinns ist wichtig, weil inzwischen Erkenntnisse aus Psychologie und Neurologie vorliegen, die aufzeigen, dass Positivbeispiele im Sinne konstruktiver Lösungsansätze eher zum Handeln befähigen. Negativmeldungen hingegen begünstigen Ohnmachtsgefühle, Stress und Hoffnungslosigkeit. Dem Umwelthistoriker Frank Uekötter zufolge neigte die Umweltbewegung der vergangenen Jahrzehnte zur Schwarzmalerei. Die Debatten seien von apokalyptischen Szenarien über Umwelt- und Ressourcenfragen geprägt gewesen und hätten somit Ohnmachtsgefühle bestärkt (vgl. Uekötter 2012). Ein sachlicher, konstruktiver Diskurs ist deshalb ein wichtiger Schritt in eine respektvollere Diskussionskultur, die vonseiten der Politik und der Medien begleitet werden muss. Um die affektive Ebene mit einzubeziehen, bedarf es Gegenerzählungen zu pessimistischen Zukunftsvorstellungen. Die Transition-Bewegung als praktische Ausführung dieser Gegenerzählung regt zum Mitdenken an und lädt zur Partizipation ein.

Informationsdesign kann an dieser Stelle als wirkmächtiges Werkzeug für die Aufbereitungs-, Strukturierungs- und Vermittlungsarbeit fungieren und für den Aufbau alternativer Strukturen unterstützend wirken: als Vermittler_in zwischen Theorie und Praxis. Entsprechend folgt hier der interdisziplinären Betrachtung des ersten Teils nun die transdisziplinäre Ergänzung im Sinne eines Designentwurfs. Er lässt sich aufgrund seiner Ausrichtung dem Social Design, genauer: dem Social Urban Design[12] zuordnen, da er mit und für die Aktivist_innen erstellt wurde und zu einer Verbesserung der ökosozialen Transformationen in Würzburg beitragen kann.

Warum stellt eine projektübergreifende Website am Beispiel Würzburg nun eine geeignete designerische Interventionsmöglichkeit dar? Neben meinen empirischen Beobachtungen habe ich via Umfrage eine Bedarfsanalyse erstellt. Dazu befragte ich Mitwirkende aller neun Projekte in Einzelgesprächen, wo sie Verbesserungspotenzial sehen. Alle Befragten nannten eine größere Bekanntheit, mehr Mitwirkende und eine bessere Vernetzung untereinander. Einige führten außerdem den Bedarf der finanziellen Unterstützung an. Bis auf die Vernetzungsarbeit, die mein Designentwurf nur implizit leistet, erfüllt er alle genannten Bedingungen. Darüber hinaus ist es mein Ziel, bereits beginnende gesellschaftliche Transformationen am städtischen Beispiel sichtbar zu machen. Die Website beinhaltet deshalb folgende Instrumente: Illustrationen von den Projekten, um die gelebten Utopien

---

[12]Im Sinne des Soziologen Richard Sennett, der analysiert, wie sich durch die Veränderung von Gewohnheiten auch das Stadtbild transformieren kann (Sennett 1997).

dahinter sichtbar zu machen, Portraits von den Mitwirkenden, um Handlungsoptionen zu transportieren, eine Mitmach-Datenbank, durch die Interessierte schnellstmöglich ein Suchergebnis zu ihren Präferenzen erhalten und einen Verweis auf Hintergründe und den Postwachstumsdiskurs, um die Relevanz zu verdeutlichen.

Ehrenamtliche Tätigkeiten erscheinen außerdem oft wenig attraktiv, wie das Beispiel der Freiwilligen-Agentur in Würzburg, www.treffpunkt-ehrenamt.de, aufzeigt (Treffpunkt Ehrenamt o. J.). Ein modernes Design, das progressive, ehrenamtliche Projekte sichtbar macht, ist in einer übersichtlichen Stadt wie Würzburg innovativ. Darüber hinaus besteht die Originalität darin, die Lösungsansätze der Projekte mit der intrinsischen Motivation der Menschen dahinter in einem Gesamtbild erscheinen zu lassen. Menschen sichtbar zu machen, die mit Transformationen bereits angefangen haben, kann auch ein wichtiges Signal an die Politik und die Gesellschaft sein.

Auch im analytischen Teil konnte die Relevanz für die Postwachstumsprojekte bereits nachgewiesen werden. Besonders hervorzuheben ist an dieser Stelle nochmals, dass die derzeitige Strategie zur Problemlösung in der Regel in additive technische Entwicklungen mündet. Suffizienzstrategien werden zwar von immer mehr Menschen praktiziert, es fehlt jedoch an Role Models, die diese Praktik auch im Mainstream etablieren. Es ist deshalb wichtig, die persönlichen Handlungsoptionen aufzuzeigen, da die Erkenntnis, dass Menschen handeln müssen, der entscheidende erste Schritt ist. Des Weiteren kann die Website durch die lokale Ausrichtung auch eine Korrelation zu den persönlichen Bezügen herstellen. Denn eine wichtige Handlungsvoraussetzung stellt die Erkenntnis der eigenen Möglichkeiten vor Ort dar, etwa im Sinne von: Was kann ich in meiner Stadt zu einer Veränderung beitragen? Deshalb ist das Konzept meiner Website glokal ausgerichtet. Die Postwachstumsprojekte in Würzburg bilden die Grundlage für einen Prototyp eines Websiteformats, das individuell an lokale Strukturen angepasst werden kann. Entsprechend ist die Website nach dem Baukastenprinzip und Open-Source angelegt. Bei einer Übertragung auf eine andere Stadt würden Layout, Struktur und Funktionen aufgrund des Wiedererkennungswertes beibehalten und lediglich die Inhalte entsprechend der neu angelegten Stadt individualisiert. Die Website kann somit je nach örtlicher Vakanz um weitere Projekte ergänzt oder reduziert werden.

Der Entscheidung, die Website zunächst auf lokaler Ebene anzulegen, liegen zwei Kernargumente zugrunde. Zum einen ist mir die Einbindung lokaler Präferenzen und Strukturen wichtig. Durch die individuelle Anpassung wird nichts vorgegeben – im Gegenteil, die Website fungiert so als unterstützende Dienstleistungsplattform für bereits vorhandene Projekte. Zum anderen nutzt eine Website auf lokaler Ebene das Potenzial der Nähe, der sozialen Gemeinschaft und somit der Identifikation mit dem individuellen Handlungsraum, was auf überregionaler Ebene abstrakter wird. Zudem ist eine Erweiterung auf eine städteübergreifende Basisplattform möglich. Somit liegt der Fokus meiner Arbeit auf der Mikroebene (lokal), ist auf die Mesoebene (überregional) ausbaubar und bezieht sich in seiner möglichen Auswirkung auf die Makroebene (global).

Die Website möchte folgende Botschaft vermitteln: Jede_r kann mitmachen und jederzeit damit anfangen. Das Angebot richtet sich an eine breite Zielgruppe, vordergründig an Menschen zwischen 15 und 45 Jahren (in dieser Altersspanne bewegt sich das Gros der Mitwirkenden). Interessant könnte sie für diejenigen sein, die durch aktuelle Entwicklungen und Zukunftsperspektiven beunruhigt sind; ebenso wie für diejenigen, die ihr positiv entgegensehen und gerne selbst Einfluss nehmen. Sie soll sowohl Menschen erreichen, die am gesellschaftlichen Leben interessiert sind, aber nicht vordergründig politisch denken, als auch Menschen, die gerne im Sinne des Bottom-up-Ansatzes politisch aktiv werden möchten.

Die Website zeigt schließlich auf, dass sich Strukturen bereits verändern und sich immer mehr Menschen daran beteiligen und spricht deshalb explizit den Möglichkeitssinn an. Das ist wichtig, weil Transformationen bereits durch die Beteiligung von verhältnismäßig wenigen Menschen wahrscheinlich werden. Welzer geht davon aus, dass drei bis fünf Prozent der Bevölkerung nötig sind, um einen gesellschaftlichen Kurswechsel zu erzeugen (vgl. Welzer 2014: 285). Auch die Ethnologin Gitti Müller hält einen Richtungswechsel für möglich, sofern mindestens fünf Prozent der Menschen ihn anstoßen (vgl. Müller 2016).

Die Wahl des Mediums Internet scheint deshalb aus mehreren Gründen folgerichtig: Es ist zuallererst das Medium meiner Zielgruppe, vereinfacht darüber hinaus die Distribution, bietet einen niedrigschwelligen Zugang, ist glokal anwendbar und kann jederzeit um Updates, Projekte und Portraits ergänzt werden.

Der Projektname *Wandelmut* ist ein Neologismus, der im Kontext der Website selbsterklärend ist, ohne jedoch zu Irritationen zu führen. Die Klangnähe zu Wankelmut ist offensichtlich. Während Wankelmut eher negativ im Sinne einer Entschlusslosigkeit konnotiert, kann der Name *Wandelmut* positiv konnotieren und die affektive Ebene ansprechen, wie meine Umfragen im privaten Umfeld bestätigen.[13] Für die meisten Befragten klingt Wandelmut freundlich, positiv, nach Bewegung (Wandel) und auch kraftvoll, abenteuerlich und attraktiv (Mut). Manuel A., (44 Jahre) assoziiert mit dem Begriff beispielsweise Transformationen und Handlungen im Sinne des Möglichkeitssinns: „Wandelmut? Klingt

---

[13]Die Befragten waren zu diesem Zeitpunkt zwischen 23 und 44 Jahre alt.

interessant. Ich weiß nicht, was es bedeutet, aber es klingt nach Mut haben, eine Meinung zu ändern und sich einzugestehen, dass man bisher auf dem falschen Dampfer war". Ähnlich teilt Milena M. (26 Jahre) mit, „Wandelmut" würde sie persönlich ansprechen: „Ich habe nicht das Gefühl, das sollten alle anderen machen, sondern auch ich kann mich wandeln".

Die URL lautet derzeit www.wandelmut.org. Eingeleitet wird die Webseite durch ein kurzes Intro. Zu sehen ist zunächst ein quadratischer grüner Rahmen. Dann erscheint das Wort „Wandel". Anschließend öffnet sich der Rahmen seitlich und das Wort wird um „mut" ergänzt. Assoziativ erinnert es an „Think outside the box" – denke unkonventionell. Es braucht Mut, um die Grenzen zu überwinden (siehe Abb. 1, 2, 3 und 4).

Abb. 1 Intro I der Webseite „Wandelmut". (Quelle: Eigene Abbildung)

Abb. 2 Intro II der Webseite „Wandelmut". (Quelle: Eigene Abbildung)

Abb. 3 Intro III der
Webseite „Wandelmut".
(Quelle: Eigene Abbildung)

Abb. 4 Intro IV der
Webseite „Wandelmut".
(Quelle: Eigene Abbildung)

Wandelmut fungiert als Wortmarke und Kurzlogo. Der Begriff ist aussagekräftig, weil er bereits eine Botschaft transportiert. Die Wahl der komplementären Farbtöne Grün und Rot ist zum einen ästhetisch begründet, zum anderen semantisch. Der Grünton (Wandel) erinnert an das Thema Umwelt, ist jedoch moderner gehalten als dafür häufig verwendete Farbtöne. Rot steht als emotionale Farbe für die Betonung des Mutes. Die Logofarben geben das Farbkonzept für die gesamte Website vor. Das „w" ist größer als der Rest des Wortes und nach unten versetzt. Durch das Logo wird der Bezug zur eigenen Stadt hergestellt. Darüber hinaus wird angedeutet, dass es Wandelmut (als Marke, aber auch im Sinne der Projekte) auch in anderen Städten geben kann. Der Städtename ist austauschbar, was durch

Abb. 5 Wortmarke.
(Quelle: Eigene Abbildung)

wandelmut
Würzburg

Abb. 6 Bildmarke.
(Quelle: Eigene Abbildung)

die Platzierung des Namens im Logo indiziert wird (siehe Abb. 5).[14] Im Kurzlogo bzw. der Bildmarke folgt dem „w" ein hochgestelltes „m". Wie der Exponent der mathematischen Gleichung drückt es sinnbildlich aus, dass sich der Wandel potenziert, sofern der Mut dazu aufgebracht wird (Abb. 6).

Das reduzierte Layout der Website erzeugt Übersichtlichkeit. Im Vordergrund stehen die Elemente Text, Illustration, Portrait und die Datenbank. Der Hintergrund bleibt weiß, nichts lenkt von den Inhalten ab und der großflächige Weißraum verstärkt die Übersichtlichkeit. Durch das moderne, mainstreamtaugliche Design wird meine Zielgruppe angesprochen (Abb. 7). Die Anrede erfolgt intrinsisch und passt somit zur Thematik. Auf der Startseite wird in einem kurzen Text die Intention der Website erläutert (siehe Abb. 8).

Ich vertrete die These, dass Zurückhaltung bei der Verwendung theoretischer Termini sinnvoll ist, da ein zu großer theoretischer Überbau möglicherweise abschreckend für potenzielle Aktivist_innen ist, weil damit signalisiert werden könnte, dass nur mitmachen darf, wer sich mit der dahinterstehenden Theorie auskennt. Wie bereits dargestellt, befassen sich in den Initiativen selbst schon einige Akteur_innen mit der Thematik, die dort auch diskutiert wird. Der theoretische Diskurs wird deshalb ausgelagert, indem auf weiterführende Websites verwiesen wird, die durch sachliche Hintergrundinformationen angeteasert werden. Auf dem Blog www.postwachstum.de findet die aktuelle wachstumskritische Debatte statt,

---

[14]Auf der Website sind die Farben im RGB-Farbraum dargestellt und wirken kräftiger als in der gedruckten Darstellung.

wandel**mut**
Würzburg   ≡

WELCHE IDEE
GEFÄLLT MIR
FÜR WÜRZBURG?
Alle Projekte

Abb. 7 Startseite der Webseite „Wandelmut". (Quelle: Eigene Abbildung)

wandelmut

ist eine Onlineplattform, die zukunftsorientierte Projekte in Würzburg vorstellt.

»Do-it-Yourself« und »Do-it-Together« lautet das Motto, nach dem einige Pioniere die

Stadt bereits umgestalten. Würzburg ist somit Teil einer weltweit wachsenden Bewe-

gung, die mit kreativen urbanen Projekten neue ökologische und soziale Trends setzt.

Die Entwicklung zeigt: je mehr Menschen sich einbringen, desto umfangreicher kann

Würzburg sich wandeln.

Abb. 8 Einführungstext der Webseite „Wandelmut". (Quelle: Eigene Abbildung)

die von den Initiatorinnen Zahrnt und Seidl mit ihrem Buch *Postwachstumsgesellschaft* angestoßen wurde. Redaktionell aufbereitet wird der Blog durch das Institut für ökologische Wirtschaftsforschung (IÖW). Des Weiteren verweise ich auf die Website www.transitionnetwork.org, die auf die Gründer der Transition-Bewegung zurückgeht. Die Seite setzt den Grassroots-Ansatz von Transition Würzburg (im Sinne von einer Basisbewegung von vielen) in einen globalen Kontext.

Die zwei Onlinefonts sind für die Pixeldarstellung auf Bildschirmen optimiert, wodurch sich die Lesbarkeit erhöht. Für die Überschriften und den Fließtext verwende ich die Droid Sans, für Logo und Projektnamen die Roboto Condensed, denn die schlichte Typografie erhöht ebenfalls die Übersichtlichkeit.

Die Projektidee lässt sich mithilfe der Illustrationen visualisieren. Durch Sichtbarmachung der Utopie wird eine Vorstellung davon erzeugt, was durch das Projekt möglich wäre. Würde sich die Suchfunktion für die Projekte auf die Datenbank beschränken, bliebe die Idee – z. B. von einem Umsonstladen – abstrakter, als wenn ein Bild die Gegenstände visualisiert, die durch den Hinweis „free" als kostenlos zu identifizieren sind. Illustrationen sprechen außerdem die affektive Ebene an. Darüber hinaus können sie die Utopie besser ausdrücken als inszenierte Bilder oder Videosequenzen. In Anlehnung an Susan Sontags Überlegung, dass fotografische Standbilder länger im Gedächtnis bleiben als Bewegtbilder (vgl. Sontag 2003: 29), stelle ich die These auf, dass dies auch bei gezeichneten Bildern funktionieren kann.

Der Stil der Illustrationen ist modern und durch den dünnen Strich sehr feinteilig. Sie laden dazu ein, nach Details zu suchen. Die Formen sind nicht geschlossen, sie werden nur angedeutet. Das konnotiert Offenheit und lädt die Rezipient_innen ein, das Bild weiterzudenken und auch selbst mitzumachen. Zudem sind sie universell verwendbar, weshalb der Hinweis auf das kostenlose Angebot (free) in englischer Sprache erfolgt (siehe Abb. 9 und 10).

Portraits von Mitwirkenden erscheinen in Kombination mit Gedanken und Erklärungen bezüglich ihrer Motivation, an dem Projekt teilzunehmen, zu aktuellen Entwicklungen und Zukunftsvorstellungen. Die Person steht dabei im Mittelpunkt des Bildes, das situativ entsteht. Die Anzahl der Fotos richtet sich nach dem Umfang der Aussagen. Umgesetzt werden die Bilder im Standardformat; die Brennweite variiert, ebenso das Hoch- und Querformat.

Die Ausrichtung meiner Arbeit basiert auf der Methode des Storytelling. Die Designwissenschaftler_innen Uta Brandes, Michael Erlhoff und Nadine Schemmann betrachten die Methode aus der Designforschung als eine Möglichkeit, einen Sachverhalt durch die systematische Einbeziehung der Proband_innen zu erläutern. Dabei ist das subjektive Erleben der Mitwirkenden von Bedeutung. Das Storytelling funktioniert, weil Menschen Interesse daran haben zu erfahren, was andere machen (vgl. Brandes et al. 2009: 187 f.). Die Portraits sprechen die affektive Ebene an, um bei den Betrachter_innen eine Identifikation mit den beteiligten Personen und den Projekten – als Voraussetzung für Verantwortungsübernahme – herbeizuführen. Die Bilder erinnern daran, dass es Menschen aus der eigenen Nachbarschaft, dem eigenen Viertel oder eben der eigenen Stadt sind, die hinter Veränderungen stehen. Die Auswertung einer Facebook-Statistik von Oktober 2017 (Abb. 11) zeigt, dass die Reichweite der Beiträge enorm steigt, wenn sie Fotogra-

urban gardening
Nutzpflanzen im Stadtraum

Abb. 9 Illustration des Projekts „Urban Gardening". (Quelle: Eigene Abbildung)

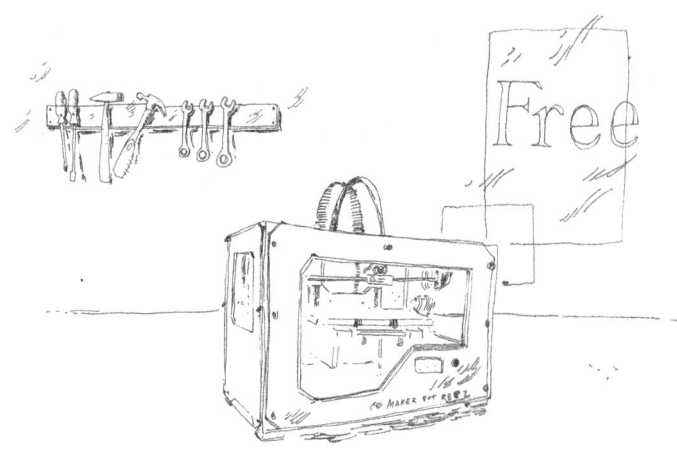

fablab
Produkte selbst herstellen

Abb. 10 Illustration des Projekts „FabLab". (Quelle: Eigene Abbildung)

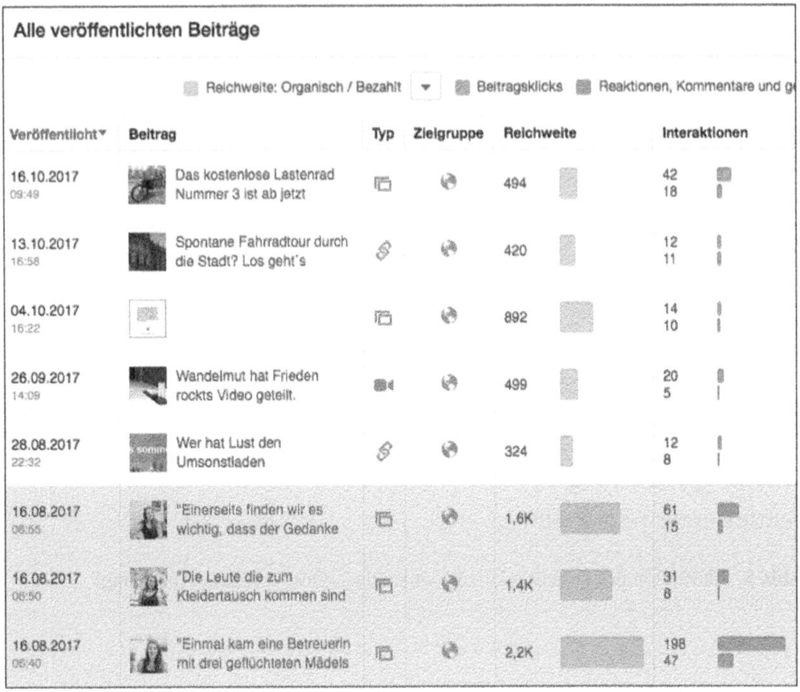

Alle veröffentlichten Beiträge

Veröffentlicht▾	Beitrag	Typ	Zielgruppe	Reichweite	Interaktionen
16.10.2017 09:49	Das kostenlose Lastenrad Nummer 3 ist ab jetzt			494	42 / 18
13.10.2017 16:58	Spontane Fahrradtour durch die Stadt? Los geht's			420	12 / 11
04.10.2017 16:22				892	14 / 10
26.09.2017 14:09	Wandelmut hat Frieden rockts Video geteilt.			499	20 / 5
28.08.2017 22:32	Wer hat Lust den Umsonstladen			324	12 / 8
16.08.2017 06:55	"Einerseits finden wir es wichtig, dass der Gedanke			1,6K	61 / 15
16.08.2017 06:50	"Die Leute die zum Kleidertausch kommen sind			1,4K	31 / 8
16.08.2017 06:40	"Einmal kam eine Betreuerin mit drei geflüchteten Mädels			2,2K	198 / 47

Reichweite: Organisch / Bezahlt ▾ Beitragsklicks Reaktionen, Kommentare und g

Abb. 11   Statistik zur Reichweitenerzielung, Facebook. (Quelle: Eigene Abbildung)

fien beinhalten.[15] Somit sind Menschen aus dem Umfeld die entscheidenden und in diesem Fall authentischen Multiplikatoren für den Wandel.

Entsprechend kamen die meisten neuen Teilnehmer_innen durch „Mundpropaganda" zu Transition Würzburg. Die Portraitfotografien auf Facebook können deshalb ein geeignetes Werkzeug sein, um die Möglichkeit des Mitmachens aufzuzeigen. Die Entscheidung zum Engagement kann dadurch in Ruhe getroffen werden, die Fotos erinnern lediglich daran. An dieser Stelle wiederholt sich die Erkenntnis, dass bewährte Methoden nie völlig zu verschwinden scheinen. Denn in diesem Zusammenhang fungiert der Mensch als das ausschlaggebende Kommunikationsmedium. Zusammenfassend lässt sich festhalten, dass durch das Storytelling die Kommuni-

---

[15]Der orange Balken zeigt die Reichweite der Beiträge. Sie ist bei den drei Foto-Beiträgen (farblich markiert) signifikant höher.

kationsmöglichkeit des analogen Mediums Mensch auf die Transfermedien Fotografie und Text übertragen wird. Mithilfe der Website erfolgt die Übertragung auf das digitale Medium Internet. Somit kann sich die Reichweite des Ausgangsmediums Mensch vergrößern.

Da den Projekten teilweise eine funktionierende Selbstverwaltung zugrunde liegt bzw. sie an überregionale Infrastrukturen gebunden sind (z. B. Foodsharing), wird an dieser Stelle nicht weiter interveniert. Die vorhandenen Projektwebsites bleiben erhalten; *Wandelmut* koexistiert als Marketinginstrument für die Projekte. Der Schwerpunkt liegt auf der übersichtlichen Darstellung des Angebots, sich in Würzburg bei innovativen Projekten zu engagieren. Der konventionelle Seitenaufbau wird um individuelle Elemente ergänzt. Die Orientierung an bekannten Strukturen erhöht die Usability (Benutzer_innenfreundlichkeit). Alle Informationen sind über die Startseite oder das Menü erreichbar. Die interaktive Filterfunktion der Datenbank ermöglicht außerdem die Suche nach persönlichen Präferenzen. Sie beinhaltet Möglichkeiten, sich zeitlich zu engagieren oder die Projekte finanziell zu unterstützen. Sofern Interesse besteht, erleichtern im persönlichen Bereich die Fragen in den Abb. 12 und 13 die Suche nach einem adäquaten Projekt.

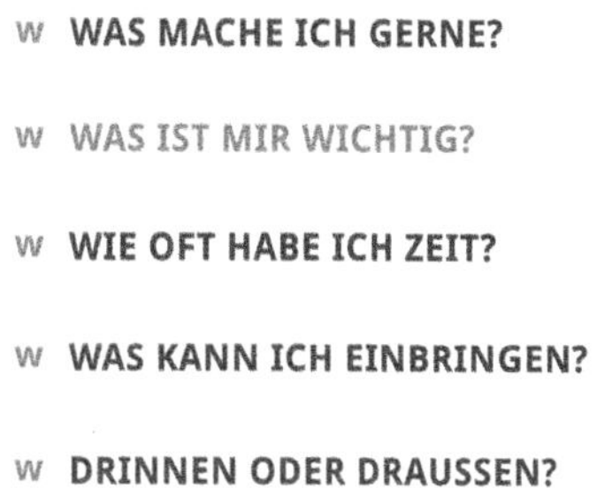

Abb. 12 Fragen-Datenbank der Webseite „Wandelmut". (Quelle: Eigene Abbildung)

w **WAS MACHE ICH GERNE?**

w **WAS IST MIR WICHTIG?**

w **WIE OFT HABE ICH ZEIT?**

w **WAS KANN ICH EINBRINGEN?**

w **DRINNEN ODER DRAUSSEN?**

м WAS IST MIR WICHTIG?

☐ Umwelt schonen

▩ Fair & Sozial

▩ Nutzungsdauer verlängern

☐ Verschwendung vermeiden

☐ Recycling/Upcycling

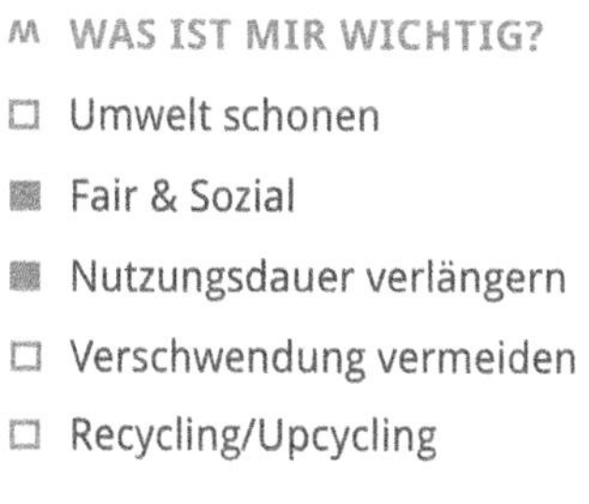

Abb. 13 Auswahlmöglichkeiten der Fragen-Datenbank. (Quelle: Eigene Abbildung)

Abb. 14 W-Navigationspfeile als Bedienelement der Webseite „Wandelmut". (Quelle: Eigene Abbildung)

Abb. 15 Mut-Mauszeiger als Bedienelement der Webseite „Wandelmut". (Quelle: Eigene Abbildung)

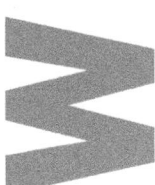

Auch die Thematik wird durch einige zusätzliche Elemente aufgegriffen. Individuelle Bedienelemente der Website sind z. B. w-Navigationspfeile (Abb. 14), die das Thema des Wandels wiederholen und der *Mut*-Mauszeiger (Abb. 15), der bei einem Mouseover[16] erscheint und den Transformationswillen der Akteur_innen hervorhebt.

---

[16]Fährt man mit der Mausanzeige über die Portraitübersicht, wird die Mausanzeige durch die Buchstaben ‚mut' dargestellt.

Die Öffentlichkeitsarbeit findet digital und analog statt. Als primärer Marketing-Kanal für die Website dient Facebook. Ich nutze es als Veröffentlichungsplattform der Portraitfotografien, die um die Aussagen der jeweiligen Person ergänzt werden. Das jeweils betreffende Projekt wird verlinkt. Als Profilbild dient das Kurzlogo. Für das Titelbild verwende ich eine Portraitfotografie, die mit dem Hinweis „weil…" versehen ist (siehe Abb. 16). Damit werden die Aussagen der Akteur_innen angeteasert.

Abb. 16 Titelbild der Facebookseite „Wandelmut". (Quelle: Eigene Abbildung)

Abb. 17 Postkarte des Projekts „Wandelmut". (Quelle: Eigene Abbildung)

Zur analogen Verteilung habe ich Postkarten entworfen: Grundsätzlich im schlichten Stil der Website gehalten, hat jedes Projekt seine eigene Postkarte bekommen; als Motiv fungiert die jeweilige Illustration. Auf der Rückseite befindet sich die URL der Website. Im Briefmarkenfeld wiederholt sich das Kurzlogo und der Hinweis auf die Druckförderung bildet den Trennstrich von Text- und Adressfeld (siehe Abb. 17).

Sowohl die digitalen als auch die analogen Medien bieten somit die Grundlage für regionale und überregionale Öffentlichkeitsarbeit via Pressemitteilungen, Interviews und Infoständen.

4   Fazit

Die untersuchten Postwachstumsprojekte in Würzburg zeigen, dass bei vielen Menschen Wille und Engagement vorhanden sind, angesichts globaler ökologisch-sozialer Herausforderungen lokale Transformationen auf ökonomischer, ökologischer, politischer und sozialer Ebene in Angriff zu nehmen. Hier gilt es sichtbar zu machen, was die Akteur_innen zu sagen haben, was sie antreibt und wie sie ihr Handeln empfinden, um Menschen über derzeitige globale und lokale Zustände aufzuklären, sie über Handlungsmöglichkeiten zu informieren und vielleicht auch zur Eigeninitiative zu motivieren. Wie die hiesigen Projekte verdeutlichen, können Engagement und Bottom-up-Politik zu Selbstwirksamkeit und Gemeinschaft führen und darüber zu einem Wohlstandsmodell beitragen, das nicht auf unbegrenztem Wachstum basiert, sondern auf Nachhaltigkeit.

Es bleibt festzuhalten, dass neue technologische Fortschritte durchaus das Potenzial besitzen, zu fundamentalen Veränderungen zu führen, jedoch nur einen Teil der Lösung zum Erreichen des Nachhaltigkeitsziels darstellen. Denn solange Lebensstile nicht nachhaltig werden, unterminiert der Rebound-Effekt diesen technischen Fortschritt. Darüber hinaus bleibt die Notwendigkeit globaler Gerechtigkeit sowie fairer Arbeits- und Lebensbedingungen bestehen. Und wie die aktuelle Forschung belegt, ist das Risiko zur Verschlechterung der Lebensbedingungen zu groß, um abzuwarten und einen möglichen Kurswechsel auszuschlagen. Hier kann Informationsdesign produktiv intervenieren, vorhandene Strukturen unterstützen und zu ihrer lokalen Verankerung beitragen.

Auch wenn *Wandelmut* vorwiegend jüngere Menschen ansprechen wird, ist das Projekt nicht auf eine Zielgruppe beschränkt. Viele Menschen verfügen über Zeit und Know-how und hätten durch das Angebot der Postwachstumsprojekte eine niedrigschwellige Möglichkeit, an den projektspezifischen

Aktivitäten teilzunehmen. So könnten Senior_innen bspw. durch Informationsveranstaltungen und analoges Werbematerial angesprochen werden. Für Geflüchtete wäre eine Erweiterung der Website in verschiedenen Sprachen denkbar.

Die Domain www.wandelmut.org verweist derzeit auf *Wandelmut Würzburg*. Sofern sich das Projekt in andere Städte überträgt, könnte diese URL zur Übersichtsplattform aller Wandelmut-Städte und -Regionen werden. Einzelne Städte würden dann über die Ergänzung des Städtenamens in der URL (z. B. www.wandelmut-wuerzburg.org) zu finden sein. Auch die Websitefunktionen sind erweiterbar. Um bspw. eine zivile Tausch-, Schenk- und Reparaturbörse zu etablieren, könnte die Website zu einer Online-Interaktionsplattform ausgebaut werden. Das Referat Ökologie an der Würzburger Universität erstellt derzeit in Zusammenarbeit mit Transition Würzburg einen Nachhaltigkeits-Stadtplan. Er könnte die Basis für einen interaktiven Stadtplan für Würzburg werden. Die genannten Entwicklungsmöglichkeiten bedürfen jedoch intensiver administrativer, organisatorischer und konzeptueller Arbeit und ihre Ausführungen wären sehr zeitintensiv. Eine finanzielle Unterstützung wäre deshalb sinnvoll, denn auf ehrenamtlicher Basis sind die Arbeiten kaum zu leisten. Wobei auch das möglicherweise im Sinne eines überregionalen gemeinschaftlichen Designprojekts möglich wäre.

Wie in der theoretischen Herleitung ersichtlich wurde, ist Technik als bloßer Selbstzweck zu kritisieren, weil sie oft mehr Schaden anrichtet als Nutzen bringt. Allerdings gehe ich davon aus, dass technischer Fortschritt nicht aufzuhalten ist und – sinnvoll eingesetzt – das Potenzial unbedingt genutzt werden sollte, um Prozesse zu vereinfachen und somit Hindernisse abzubauen. Denn weil viele Menschen auf ihren digitalen Komfort nicht mehr verzichten möchten und es noch nie so bequem war wie heute zu kommunizieren, Informationen zu erhalten und Aufgaben zu erledigen, sollten die technischen Möglichkeiten auch für nachhaltige Projekte genutzt werden. Im Sinne Illichs ist die entscheidende Frage nicht unbedingt, welche gesellschaftlichen Werkzeuge genutzt werden, sondern wofür sie eingesetzt werden. Kommunikations- und Informationsdesign kann und sollte deshalb ein konviviales Werkzeug sein, das dem Gemeinwohl dient. Als Schnittstelle zwischen Wissenschaft und Gesellschaft kann es einen wichtigen Beitrag für Transformationsprozesse leisten und gleichzeitig von Transformationsprojekten lernen. Möglichkeiten zur sinnvollen Anwendung gibt es viele.

Literatur

Adler, Frank (2015): Vielfältige Wege und Strategien vom Heute in eine Postwachstumsgesellschaft, http://www.postwachstum.de/vielfaeltige-wege-und-strategien-vom-heu-
te-in-eine-postwachstumsgesellschaft-20150427 (Zugriff am 10.04.2016).

Adloff, Frank und Leggewie Claus (2014): Das konvivialistische Manifest. Für eine neue
Kunst des Zusammenlebens, Bielefeld: transcript.

Angestöpselt – Verein für Digitalkompetenz e. V. (o. J.): https://computerspendewuerzburg.
wordpress.com/about/ (Zugriff am 09.06.2016).

Bennholdt-Thomsen, Veronika (o. J.): Subsistenz – Perspektiven für eine Gesellschaft, die
auf Gemeingütern gründet, http://band1.dieweltdercommons.de/essays/veronika-sub-
sistenz-perspektive-fur-eine-gesellschaft-die-auf-gemeingutern-grundet/#fnref-772-1
(Zugriff am 27.05.2016).

Bennholdt-Thomsen, Veronika (2015): Subsistenz ist die Lösung, in: Le Monde Diplomatique, Kolleg Postwachstumsgesellschaften, Atlas der Globalisierung. Weniger wird mehr,
Berlin: taz, 162–163.

Brandes, Uta, Erlhoff, Michael und Schemmann, Nadine (2009): Designtheorie und
Designforschung, Paderborn: Fink.

Bude, Heinz (2014): Gesellschaft der Angst, Hamburg: Verlag des Hamburger Instituts für
Sozialforschung.

Bundeszentrale für politische Bildung (o. J.): Open Source, http://www.bpb.de/gesellschaft/
medien/opensource/ (Zugriff am 18.05.2016).

Denknetz (2015): Die neue Debatte um Suffizienz, http://www.denknetz-online.ch/sites/
default/files/diskurs_21.pdf (Zugriff am 21.04.2016).

Eickhoff, Hajo (2009): Essenz der Zukunft: Vom Möglichkeitssinn, Frankfurt am Main:
Mika-Do.

Eisenberger, Korbinian und Liebrich, Silvia (2015): Wegwerfverbot für Essen in Frankreich,
http://www.sueddeutsche.de/wirtschaft/lebensmittel-wegwerfverbot-fuer-essen-in-frank-
reich-1.2491917 (Zugriff am 29.05.2016).

Energieforschung Stadt Zürich (2014): Suffizienz auf individueller Ebene, Literaturanalyse
zu Psychologische Grundlagen der Suffizienz, Forschungsprojekt FP-1.7, Zwischenbe-
richt, o. O.: EWZ.

FabLab Würzburg (o. J.): https://fablab-wuerzburg.de/start (Zugriff am 22.05.2016).

Fabrikations Labor (o. J.): FabLabs in Deutschland, http://fabrikationslabor.de/fabl-
abs-in-deutschland/ (Zugriff am 22.05.2016).

Foodsharing e. V. (o. J.): https://foodsharing.de (Zugriff am 22.05.2016).

Freiraum Würzburg (o. J.): https://freiraumwuerzburg.wordpress.com/freiraum-wuerzburg/
(Zugriff am 22.05.2016).

Greenpeace e. V. (2015): Greenpeace lädt zu Deutschlands größter Kleidertauschparty,
https://www.greenpeace.de/presse/presseerklaerungen/greenpeace-laedt-zu-deutsch-
lands-groesster-kleidertauschparty (Zugriff am 20.05.2016).

Gronemeyer, Marianne (o. J.): Konvivialität, Die Welt der Commons, Muster des gemeinsamen Handelns, http://band2.dieweltdercommons.de/essays/konvivialitaet.html (Zugriff
am 10.06.2016).

Mertens, Peter und Hees, Marco Van (2015): Einfache Idee, große Wirkung, https://www. jungewelt.de/loginFailed.php?ref=/2015/11-04/001.php (Zugriff am 15.04.2016).

Hoffmann, Eva (2016): Jeder von uns hält 60 Sklaven, http://www.jetzt.de/politik/interview-mit-einer-professorin-fuer-supply-management (Zugriff am 15.06.2016).

Hopkins, Rob (2014): Einfach. Jetzt. Machen! 2. Auflage, München: Oekom.

Illich, Ivan (1975): Selbstbegrenzung – Eine politische Kritik zur Technik (Tools for Conviviality), Reinbek bei Hamburg: Rowohlt.

Jackson, Tim (2011): Wohlstand ohne Wachstum. 4. Auflage, München: Oekom.

Kluge, Susann (1999): Empirisch begründete Typenbildung. Zur Konstruktion von Typen und Typologien in der qualitativen Sozialforschung, Opladen: Leske+Budrich.

Kultermann, Ivo (2014): Fairteilers Einweihung in Würzburg, http://www.lebensmittelverschwendung.de/fairteilers-einweihung-wuerzburg-355/ (Zugriff am 22.05.2016).

Lessenich, Stephan (2016): Neben uns die Sintflut: Die Externalisierungsgesellschaft und ihr Preis, München: Hanser Berlin.

Linz, Manfred und Palzkill-Vorbeck, Alexandra (2015): No Waste! Nahrung, die für alle reicht – Suffizienz als Politische Praxis, http://www.postwachstum.de/no-waste-nahrung-die-fuer-alle-reicht-suffizienz-als-politische-praxis-20150611 (Zugriff am 29.05.2016).

Lueger, Manfred (2010): Interpretative Sozialforschung: Die Methoden, Wien: facultas.wuv.

Luftschloss e. V. (o. J.): https://umsonstladen4wuerzburg.wordpress.com/startseite/umsonstladen (Zugriff am 22.05.2016).

Maxwill, Peter und Olbrisch, Miriam (2016): Ist mir nicht egal! in: Uni Spiegel, 3, 11-15.

Meadows, Dennis und Donella, Milling, Peter und Zahn, Erich (1972): Die Grenzen des Wachstums. Bericht des Club of Rome zur Lage der Menschheit, Stuttgart: Deutsche Verlags-Anstalt.

Meadows, Dennis und Donella und Randers, Jørgen (1992): Die neuen Grenzen des Wachstums; die Lage der Menschheit: Bedrohung und Zukunftschancen. 3. Auflage, Stuttgart: Deutsche Verlags-Anstalt.

Meadows, Dennis und Donella und Randers, Jørgen (2007): Grenzen des Wachstums. Das 30-Jahre-Update. Signal zum Kurswechsel. 2. Auflage, Stuttgart: S. Hirzel.

Müller, Gitti (2016): Auf einen Experten im Rathaus kommen Tausende auf der Straße, https://www.perspective-daily.de/article/5/lD4QuPRU (Zugriff am 28.06.2016).

Muraca, Barbara (2015): Wie alles anfing, in: Le Monde Diplomatique, Kolleg Postwachstumsgesellschaften, Atlas der Globalisierung. Weniger wird mehr, Berlin: taz, 108–111.

Nerd2Nerd e. V. (o. J.): FabLab Würzburg, http://www.nerd2nerd.org/projekte/nerd2nerd-e-v-projekte/fablab-wuerzburg (Zugriff am 22.05.2016).

Paech, Niko (2014): Befreiung vom Überfluss. Auf dem Weg in die Postwachstumsökonomie. 8. Auflage, München: Oekom.

Repair Café (2016): 1000 Repair Cafés weltweit, http://repaircafe.org/de/1000-repair-cafes-weltweit/ (Zugriff am 20.05.2016).

Robertson, Roland (1998): Glokalisierung: Homogenität und Heterogenität in Raum und Zeit, in: Ulrich Beck (Hrsg.), Perspektiven der Weltgesellschaft, Frankfurt am Main: Suhrkamp Verlag, 192–220.

Rosenthal, Gabrielle (2015): Interpretative Sozialforschung: eine Einführung, Weinheim: Beltz Juventa.

Schiller, Hans-Ernst (2011): Ethik in der Welt des Kapitals. Zu den Grundbegriffen der Moral, Springe: Zu Klampen.

Schmelzer, Matthias (2015): Spielarten der Wachstumskritik, in: Le Monde Diplomatique, Kolleg Postwachstumsgesellschaften, Atlas der Globalisierung. Weniger wird mehr, Berlin: taz, 116–121.

Schneidewind, Uwe und Zahrnt, Angelika (2013): Damit gutes Leben einfacher wird. Perspektiven einer Suffizienzpolitik, München: Oekom.

Seidl, Irmi und Zahrnt, Angelika (2010): Postwachstumsgesellschaft. Konzepte für die Zukunft, Marburg: Metropolis.

Sennett, Richard (1997): Fleisch und Stein. Der Körper und die Stadt in der westlichen Zivilisation, Berlin: Suhrkamp.

Sommer, Bernd und Welzer, Harald (2014): Transformationsdesign. Wege in eine zukunftsfähige Moderne, München: Oekom.

Sontag, Susan (2003): Das Leiden anderer betrachten. München, Wien: Carl Hanser.

Spiegel-Online (2012): Dänemark: Kopenhagen stellt kostenloses Stadtrad-System ein, http://www.spiegel.de/reise/europa/keine-kostenlosen-leihfahrraeder-mehr-in-kopenhagen-a-864981.html (Zugriff am 22.05.2016).

Spiegel Special (1992): Drei Formen der „Externalisierung" von Umweltkosten, http://www.spiegel.de/spiegel/spiegelspecial/d-52498275.html (Zugriff am 05.05.2016).

Stadtgärtner Würzburg (o. J.): http://stadtgaertner-wuerzburg.de/ (Zugriff am 22.05.2016).

Statistisches Bundesamt (2014): Nachhaltige Entwicklung in Deutschland. Indikatorenbericht 2014. 2. korrigierte Fassung, Wiesbaden.

Stenger, Kurt (2015): Wie „gutes" Leben jenseits der kapitalistischen Hamsterräder schon heute möglich ist? Das neue Magazin „transform" bietet Lesestoff für Wachstumskritiker, https://www.neues-deutschland.de/artikel/971671.sanftmuetige-dissidenz.html (Zugriff am 17.07.2017).

Stresing, Laura (2011): Givebox-Projekt: Schenken ist das neue Shoppen, http://www.tagesspiegel.de/berlin/geschenkt-givebox-projekt-schenken-ist-das-neue-shoppen/4571686.html (Zugriff am 18.05.2016).

Transition Network (o. J.): https://www.transitionnetwork.org/ (Zugriff am 20.05.2016).

Transition Würzburg Initiative (o.J): http://transition-wuerzburg.de (Zugriff am 20.05.2016).

Treffpunkt Ehrenamt (o. J.): http://treffpunkt-ehrenamt.de/ (Zugriff am 28.06.2016).

Ueköetter, Frank (2012): Simulierter Untergang, http://www.zeit.de/2012/48/Die-Grenzen-des-Wachstums-Wirtschaft-Prognosen (Zugriff am 07.06.2016).

Unfried, Peter (2012): „Hören Sie mit den Radieschen auf!" Interview mit Niko Paech, http://www.taz.de/!5101334/ (Zugriff am 01.08.2017).

Verbraucherzentrale (2015): Lebensmittel: Zwischen Wertschätzung und Verschwendung, https://www.verbraucherzentrale.de/lebensmittelverschwendung (Zugriff am 16.06.2016).

Vetter, Andrea (2015): Die bessere Technik für morgen, in: Le Monde Diplomatique, Kolleg Postwachstumsgesellschaften, Atlas der Globalisierung. Weniger wird mehr, Berlin: taz, 142–143.

Welzer, Harald (2014): Selbst Denken. Eine Anleitung zum Widerstand. 3. Auflage, Frankfurt am Main: Fischer.

Welzer, Harald und Wiegandt, Klaus (2013): Wege aus der Wachstumsgesellschaft, Frankfurt am Main: Fischer.

„loop()" Gestaltung einer VR-Anwendung zur Informationsvermittlung unter Einbezug der Charakteristika von Videospielen als simulierende Medien

Stefan Wagner

1   Über die Informationsvermittlung im Zeitalter des Vernetztseins

Kontinuierliche Vernetzung und Verfügbarkeit von Informationen im Alltag haben die Art und Weise geändert, wie heranwachsende Generationen mit Medien umgehen. Das Internet als Kommunikationsplattform, die ständige Erreichbarkeit dank mobiler Geräte haben zu einem Zustand des ständigen Vernetztseins geführt. Ständig eröffnen sich neue virtuelle Wege und digitale Kanäle der Einflussnahme auf unsere Lebenswelt. Für Gestalter im Bereich des Informationsdesigns bringt dieser Wandel neue Herausforderungen. Höchstwahrscheinlich werden in den kommenden Jahren sowohl die Kommunikation als auch die Aufnahme von Informationen und die Aneignung von Wissen im digitalen Bereich weiter wachsen. Hinsichtlich der Gestaltung innerhalb virtueller Sphären mit deren unzähligen Möglichkeiten, Informationen für jedermann zugänglich zu machen, aber eben auch auszuspähen oder zu verfälschen, gilt es zu evaluieren, wie die Vermittlung der Information aufzubereiten ist.

Für Informationsdesigner bietet es sich an, strukturelle Fragen zu stellen: Wie genau findet die Übermittlung der Information statt? Wie transportiere ich ein

S. Wagner (✉)
Würzburg, Deutschland
E-Mail: mail@stefanwagner.io

© Springer Fachmedien Wiesbaden GmbH, ein Teil von Springer Nature 2018   79
C. Bauer et al. (Hrsg.), *Gestaltung digitaler und politischer Wirklichkeiten,* Würzburger Beiträge zur Designforschung,
https://doi.org/10.1007/978-3-658-21736-5_3

Thema? Wie erreiche ich einen Rezipienten in Anbetracht der medialen Dauer-
beschallung? Andererseits gilt es, ethische Problemstellungen zu klären: Wie kann
ich sicherstellen, dass vermittelte Informationen möglichst unverfälscht bleiben?
Inwiefern soll ich als Gestalter Einfluss darauf nehmen, welche Information beim
Empfänger ankommt und welche nicht? Bekanntermaßen wird bei der Gestaltung
von (digitalen) Medien allzu oft lediglich der erste Aspekt berücksichtigt: Den
Rezipienten mit der gewünschten Information zu erreichen, steht im Vordergrund.

Diese meist strategisch-instrumentelle und profitorientierte Haltung missachtet
größtenteils den Ansatz ganzheitlicher Betrachtung bezüglich Nachhaltigkeit und
Ethik bei der Gestaltung. Interesse wecken hat Priorität, Inhalte oder der Zusammenhang, in dem die Informationsvermittlung geschehen soll, werden vernachlässigt. Es stellt sich die Frage nach denkbaren Alternativen und Lösungen, die eine
ganzheitliche Betrachtung berücksichtigen und die Rezipienten zugleich emotional
so berühren, dass die vermittelte Thematik bleibenden Eindruck hinterlässt. Ziel ist
nicht allein, Botschaften erfolgreich zu vermitteln, sondern ebenfalls deren Gehalt
beim Empfänger nachhaltig zu manifestieren und dadurch ein tiefgreifendes Verständnis für den zu kommunizierenden Themenkomplex zu bewirken.

Eine mögliche Lösung dieser Problematik kann in der Informationsvermittlung unter Einbezug der Charakteristika digitaler Spiele liegen. Anhand der
Definition des Spielbegriffs soll diese Annahme im Folgenden erörtert und hinsichtlich der Möglichkeit ihrer praktischen Anwendung plausibilisiert werden.

2   Spiel: Definition

2.1   Konstruktion von künstlichen Realitäten im Spiel

Unter Einbeziehung bisheriger Erkenntnisse aus Verhaltensbiologie, Psychologie und Kulturgeschichte lassen sich zwei wesentliche Merkmale des Spielbegriffs feststellen. Zum ersten der Selbstzweck: Das freie Spiel ist anfangs durch
einen „fehlenden Ernstbezug" (Sachser 2004: 476) definiert. Es wird der reinen
Tätigkeit wegen ausgeführt und ist vordergründig nicht durch äußere Faktoren motiviert.[1] Zum zweiten die Entstehung von Regelhaftigkeit im Spiel: Der
Kulturhistoriker Johan Huizinga (2013: 16 f.) schreibt dem freien Spiel eine

---

[1]Eine Ausnahme bildet die bei Säugetieren von Natur aus vorhandene Neugier (vgl. Sachser
2004: 476).

Ordnung schaffende Funktion zu, die letztlich in der Ausprägung menschlicher Kultur mündet. Aus dem freien Spiel, sofern es Ordnung schafft und Regelhaftigkeit hervorbringt, geht das regelbezogene Spiel als Konsequenz hervor. Durch Wiederholung oder Ritualisierung entstehen repetitive Handlungsabläufe, die als Spielregeln bezeichnet werden. Sie konstituieren sich während des Spielablaufs. Ihre wiederholte Anwendung lassen beim Spieler ein Regelverständnis entstehen.

Drittes und sehr wichtiges Merkmal ist das Erzeugen einer „künstlichen Realität" während des Spiels. Rolf Oerter (2007: 9) spricht von einem „Wechsel des Realitätsbezuges", Huizinga (2013: 13) nennt es das Schaffen einer „zweiten erdichteten Welt neben der Welt der Natur". Die Konstruktion einer solchen gedanklichen Situation, die sowohl zeitlich als auch räumlich von der Realität getrennt sein kann, wird im Game-Design zu einer *Gameflow* genannten Erfahrung, in welcher der Spieler vollends mit der Spielerfahrung zu verschmelzen scheint. Generell wird das Wort Flow benutzt, um das Aufgehen in einer Aktivität zu beschreiben (Nylund und Landfors 2015: 4 f.).

3   Spiel und Simulation

3.1   Der Begriff der Simulation

„Simulation" kann als eine wissenschaftliche Methode beschrieben werden, welche Erkenntnisse über Vorgänge innerhalb eines realen Systems vermittelt, indem diese in einem vereinfachten Modell des Systems nachgestellt werden. Sie ist für die hier geführte Auseinandersetzung aus zwei Gesichtspunkten interessant: Einerseits ist es der Zweck der Simulation, einen über ihren Verlauf hinausgehenden Erkenntnisgewinn zu erzielen. Durch das Schaffen einer Als-ob-Situation sollen Erfahrungen generiert werden, die auch nach dem Erleben noch von Relevanz sind.[2] Eben dieser Zweck soll auch bei vorliegender Auseinandersetzung mit der Frage, wie sich spieltypische Elemente bei der Informationsvermittlung einsetzen lassen, verfolgt werden. Andererseits muss die enge Verbindung zwischen Computersimulationen und dem Genre der Computerspiele betont werden. Computerspiele sind eine Erweiterung herkömmlicher Spiele. Von einem technologischen Standpunkt aus betrachtet, heben sie sich von ihren analogen Gegenstücken ab,

---

[2]Unter Einbezug des Spielbegriffs können diese Erfahrungen durchaus mit dem Entstehen von Regelverständnis in Verbindung gebracht werden.

weil die Umsetzung des Regelwerks sowie die Entfaltung der Spielmechanik mittels rechnergestützter Modellierung stattfinden. Damit nehmen sie den Spielern einen großen Anteil des tatsächlichen Simulierens ab.[3]

3.2 Spiele als simulierende Medien

Die Simulation zum Zweck der Informationsvermittlung darf nicht als ganzheitliche Abdeckung des realen Systems hypostasiert werden, geschweige denn manipulativ wirken, indem sie Verhalten provoziert, welches auf das reale System Einfluss nimmt. Der Benutzer der Simulation muss sich stets dessen deskriptiver Funktion bewusst sein und sich beim Beenden der Simulation, dem Austreten aus der virtuellen Welt, bewusst machen, dass sich das Modell wesentlich von dem ihm zugrunde liegenden System unterscheidet. Wenn diese Differenzierung nicht geschieht, kann das Spiel als simulierendes Medium Vorwürfen zum Opfer fallen, die die gesellschaftliche wie kulturelle Relevanz seiner Inhalte infrage stellen oder es gar als gefährdend einstufen. Die Debatte um die moralische Verwerflichkeit von Ego-Shootern infolge der Columbine-Tragödie ist ein berechtigtes Beispiel für eine solche Diskussion. Aber auch das Genre der Aufbau- und Strategiespiele, deren Settings oft in einem zeitaktuellen oder historischen Kontext angesiedelt sind, lässt sich der verfälschten Darstellung gegebener Sachverhalte bezichtigen. Um Komplexität als Behinderung für das Spielerlebnis auszuschließen, werden Vereinfachungen an der Spielmechanik vorgenommen, die die Gefahr der Stereotypisierung nahelegen.

Die Erfordernis eines Bewusstseins dafür, dass der User es nicht mit einer Rekonstruktion gegebener Sachverhalte, sondern mit der Bedienung eines vereinfachten Modells zu tun hat, beansprucht auch Alexander Galloway in seiner Debatte um Strategiespiele. Er wirft der Spielmechanik hinter „Civilization" (vgl. MicroProse & Meier 1991) die bloße Reduzierung des Prozesses von Zivilisation auf einige wenige simple mathematische Formeln und Funktionen vor. Er betont jedoch gleichzeitig, dass das Spiel im Grunde nicht den Zivilisierungsprozess simuliert, sondern vielmehr die Modellierung desselben, also die technische Funktionalität hinter dem Spiel offenlegt.

---

[3]Bei vielen Computerspiel-Genres passiert dies auch auf Kosten der Imagination des Spielers, wofür die Industrie schon in frühen Phasen ihrer Etablierung viel Kritik geerntet hat.

„In contrast to my previous ideological concerns, the point now is [...] whether it [Sid Meier's Civilization] embodies the logic of informatics control itself. Other simulations let the gamer play the logic of a plane [...], the logic of a car [...], or what have you. But with Civilization, Meier has simulated the total logic of informatics itself" (Galloway 2012: 101 f.).

Aus diesen Beobachtungen resultiert die Erkenntnis, dass simulierende Medien, seien es wissenschaftliche, erzieherische Simulationen oder Spiele, hinsichtlich ihrer technischen Implementierung transparent gegenüber dem Rezipienten erscheinen und ihre Modulierbarkeit offenlegen sollten, um eine reflektierte und kritische Auseinandersetzung zu fördern (vgl. Khazaeli 2005: 222 f.). Generell ist es für einen möglichen Erkenntnisgewinn der Rezipienten vorteilhaft, wenn sie in der Lage sind, die gemachten Erfahrungen zu versprachlichen. Michael Polanyi führt die Unterscheidung zwischen implizitem (tacit) und explizitem (explicit) Wissen anhand der Worte Können und Wissen an (vgl. Polanyi 1966: 7). Auf das Spielerlebnis übertragen lässt sich der sichere Umgang mit einer Spielmechanik und das Anwenden von Regeln als implizit bezeichnen. Es steht für die Fähigkeit des Rezipienten zur selbstsicheren, intuitiven Benutzung. Implizites Wissen kann auch Souveränität gegenüber den technischen Mitteln des Spiels bedeuten. Es schließt sogar die potenzielle Berührung des Spielers auch mit neuen, ihm vorher unbekannten Medien ein.

Das Vermögen, subjektive Erfahrungen aus der impliziten Ebene zu externalisieren, d. h. auf andere Situationen anzuwenden oder sprachlich auszudrücken, kann explizit genannt werden. Auch wenn Polanyi den Fokus seiner Ausführungen vordergründig auf die implizite Ebene legt, wird das explizite Wissen in den folgenden Betrachtungen unter dem Begriff Mündigkeit von Bedeutung sein. Mündigkeit lässt sich als die Fähigkeit bezeichnen, im Spielerlebnis gemachte Erfahrungen zu abstrahieren und das entstandene Wissen auf andere Anwendungsbereiche zu übertragen. Dies kann für den Spieler jedoch auch das Vermögen sein, sich in vollem Bewusstsein der Spielregeln über diese hinwegzusetzen. Mündigkeit ist als Konsequenz aus einem souveränen Umgang der Zustand, in dem der Spieler beginnt, die technischen und inhaltlichen Rahmenbedingungen des Mediums kritisch zu hinterfragen. Die tiefgreifende Auseinandersetzung lässt einen nachhaltigen Eindruck entstehen, infolge dessen das Ideal der zu erzielenden Informationsvermittlung eines Themas erreicht werden kann.

4   Nutzung und Entwicklung von Computerspielen und digitalen Medien

4.1   Über die Vereinheitlichung der User-Experience in digitalen Medien

Je unterschiedlicher je nach Nutzergruppe der Umgang mit einem digitalen Produkt ist, desto unmissverständlicher müssen gestaltete Inhalte präsentiert werden, damit die Information von der Gesamtheit dieser Nutzer aufgenommen und im Sinne des Urhebers interpretiert wird. Je konformer die unbeschädigte Weitergabe einer Information also erfolgen soll, desto sorgfältiger müssen Standards bei der Gestaltung des Nutzererlebnisses (engl. *user experience,* kurz „UX"; vgl. Norman & Nielsen o. J.) festgelegt und eingehalten werden. Nicht zuletzt deswegen ist das World Wide Web Consortium seit dem Jahr 1994 bemüht, einheitliche technische wie auch strukturelle Standards im Internet zu etablieren, um einer breiten Bevölkerungsmasse ein möglichst barrierefreies und standardisiertes Nutzererlebnis im Umgang mit Webseiten zu bieten (vgl. World Wide Web Consortium o. J.). Auch die Entwicklung von Gestaltungsrichtlinien für Smartphone-Apps zielt auf die Bereitstellung einer einheitlichen *User-Experience* über Geräte und Apps hinweg ab. In gestalterischer Hinsicht ist die wichtigste Zielsetzung hierbei wohl, den Blick von Irritationen im Interface weg und auf den eigentlichen Inhalt der App zu lenken und damit den Informationsfluss zu fördern. Sowohl UX-Design als auch Interface-Design – elementare Bestandteile des Informationsdesigns – unterwerfen sich Standardisierungsprozessen, um je nach Medium und Plattform einheitliche Bedienarten zu etablieren. Ziel ist es, die Informationsvermittlung in den Vordergrund zu rücken und gegenüber einer möglichst breiten Masse an Nutzern konform zu halten.

4.2   Besonderheiten beim UX-Design von Spielen

Der Einsatz und die Zweckmäßigkeit von Interfaces in Videospielen unterscheiden sich von diesem Trend zur Standardisierung in wesentlichen Gesichtspunkten. Während der Bedienung eines Computerspiels wird dessen Benutzeroberfläche durch den Einsatz diverser Interface-Elemente zugänglich gemacht. Das sogenannte Hauptmenü bietet die Möglichkeit, Spielstände zu speichern, zu laden oder Einstellungen z. B. hinsichtlich der Steuerung oder der grafischen Darstellungsqualität vorzunehmen. Das HUD (heads-up display), das permanent über der eigentlichen Spielansicht gezeigt wird, kann Informationen wie Punktzahl, Anzahl an verbleibenden Leben oder gesammelte Gegenstände enthalten (vgl. Galloway 2012: 35 f.). Die Bestandteile des HUD sind inhaltlich an das jeweilige Spiel gebunden und werden, um ein ganzheitliches, nachvollziehbares Spielerlebnis zu sichern, visuell als auch über die Bedienung oft direkt mit dem Spielerlebnis verknüpft. Teilweise lässt sich überhaupt nicht mehr von einem vom Spiel getrennten Interface sprechen. Bei Flugsimulationen z. B. wird das HUD direkt am virtuellen Cockpit der Maschine dargestellt, die der Spieler bedient. Das ist naheliegend, ist doch die Bezeichnung „HUD" den Anzeigeinstrumenten in Kampfflugzeugen entlehnt. Beim First-Person-Shooter (FPS) „Doom 3" (vgl. id Software & Activision 2004) werden Informationen (wie die Anzahl an verbleibender Munition) teilweise direkt auf der Waffe dargestellt. Auch die Waffe selbst kann als mit der Spielwelt verschmolzener Bestandteil des Interfaces betrachtet werden. In diesem Fall ragt sie aus dem rechten unteren Bildschirmrand in die 3D-Darstellung der Spielwelt, um dem Spieler das Gefühl zu geben, er selbst trage die Waffe. Dies soll die Glaubwürdigkeit der Egoperspektive stärken.

Zwischen Interface und inhaltlichen Elementen des Spiels kann nicht immer unterschieden werden. Der Übergang zwischen Benutzeroberflächen, die direkt mit der narrativen Ebene des Spiels zusammenhängen und solchen, die der reinen Organisation um das Spiel herum dienen (wie Spielstände laden, Eingabemethoden und Tastatureingaben konfigurieren etc.), ist oft fließend. Galloway benutzt die Begrifflichkeiten diegetisch und non-diegetisch, um einzuteilen, in welchem Maß ein Spielelement Bestandteil des Erlebnisses ist (vgl. Galloway 2012: 7 ff.). Das HUD in der Militärflugsimulation „F/A-18 Interceptor" (vgl. Electronic Arts 1988) ist beispielsweise ein diegetisches Spielelement, da es inhaltlich direkt mit der Spielebene verknüpft ist. Der „Pause-Button", der die Möglichkeit bietet, das Spiel zu unterbrechen, ist ein non-diegetisches Element, da die dabei entstehende Tätigkeit des Einfrierens des Spielprozesses in keinem Zusammenhang zum Spielverlauf steht.

4.3   Anreize für den Konsum digitaler Spiele

Die Motivation, ein Videospiel zu konsumieren, ist grundsätzlich eine andere als bei anderen Sparten digitaler, auf Standardisierung ausgelegter Produkte. Herkömmliche Software macht Inhalte und Funktionalität verfügbar: Eine Taschenrechner-Software macht die Verwendung mathematischer Funktionen und die Rechenkapazitäten des Computers zugänglich. iTunes lässt den Benutzer auf einfache Art auf seine Musikdateien zugreifen und diese abspielen. Das Interface wird hierbei zur reinen Schnittstelle, um diese digitalen Entitäten zugänglich zu machen. Das Nutzererlebnis ist darauf ausgelegt, den Zugang des Nutzers zum Inhalt (in diesem Fall die abzuspielenden Dateien) durch die Bedienung der Software so einfach und effektiv wie möglich zu gestalten.

Videospiele werden nicht konsumiert, um möglichst schnell an einen Inhalt zu gelangen, sondern aus dem Antrieb heraus, ein Spiel zu erleben. Ein elementares Charakteristikum von Spielen ist, dass sie ohne ein außerhalb des Spielerlebnisses gelegenes Ziel, rein aus dem Spieltrieb heraus, initiiert werden. Das Gleiche trifft auf Videospiele zu und eben dies unterscheidet sie von anderen Arten digitaler Medien: Sie besitzen keinen konkreten, außerhalb des Spielerlebnisses liegenden Zweck.

Anreize, ein Videospiel zu konsumieren, sind denen der Unterhaltungsmedien ähnlich: Ablenkung vom Alltäglichen, Neugier und der Reiz des Unbekannten. Da Computerspiele Erlebnisräume sind, die durch Aktionen und Eingaben des Users entstehen – Galloway (2012: 3) spricht von „action-based media" – kommen hier noch einige Anreize dazu: der Wunsch, eine Herausforderung zu bewältigen (aber in einem geregelten, abgesteckten Rahmen und einem sicheren Umfeld), sich in einer kompetitiven Situation mit dem Computer oder anderen Spielern zu messen und das Entladen von Frustration in einer von der Lebenswelt separierten Umgebung.

4.4   Spieltypische Elemente als motivierende Faktoren

Zur *User-Experience* zählt die narrative Ebene des Spiels ebenso wie die Bedienung des Interfaces. Letztere ist, da es den Handlungs- und Interaktionsraum des Spielers mit dem Medium bestimmt, ein essenzieller Bestandteil des Erlebnisses. Die Bedienlogik fungiert als Schnittstelle zwischen User und Medium. Sie ist zugleich für die Entfaltung der Spielmechanik verantwortlich und damit das Element, das Videospiele von anderen digitalen Medien unterscheidet. Ein Spiel muss eine Herausforderung beinhalten, die nicht zu leicht und nicht zu schwer ist. Das Nutzererlebnis lässt sich unter dieser speziellen Betrachtung durch die Gegenüberstellung zweier gegensätzlicher Faktoren beschreiben. Frustrierende Faktoren sind in Situationen enthalten, bei denen der Spieler mehrere Anläufe benötigt, um eine Hürde im Spiel zu meistern oder bei denen er zahlreiche Runden gegen den Computer oder einen Gegenspieler verliert. Situationen mit vorrangig motivierenden Faktoren treten auf, wenn der Spieler gewinnt bzw. wenn er positive Fortschritte innerhalb des Spiels macht. Wenn die Balance zwischen frustrierenden als auch motivierenden Faktoren infolge des Spielablaufs stimmt, führt dies im Körper zur Ausschüttung des Glückshormons Dopamin (vgl. Buse, Schröter und Stock 2014: 62.) Entsprechend der verhaltensbiologischen Definition von spielerischem Verhalten (vgl. Sachser 2004: 476) begünstigt das Spielerlebnis gleichzeitig die Lernfähigkeit: Der Spieler wird motiviert, seine Fähigkeiten im Umgang mit dem Spiel im Laufe des Erlebnisses zu steigern. Im Optimalfall geht er dabei voll in der Tätigkeit auf. Um die im Spiel gesetzten Ziele zu erreichen, sinken die Ansprüche an die *usability,* die effektive Bedienbarkeit oder die Gebrauchstauglichkeit der Benutzeroberfläche (vgl. Bogner et al. 2010: 10). Solange er sich die Spielmechanik zu eigen machen kann, akzeptiert der Spieler Irritationen bei der Bedienung des Interface.

Das ist letztlich der ausschlaggebende Grund dafür, dass Interfaces in Videospielen sich kaum Standardisierungsprozessen unterwerfen: Es würde ihrer Rezeption als spannender, neu- und andersartiger Herausforderung entgegenwirken. Im Gegensatz zu herkömmlichen digitalen Medien funktioniert dieses Prinzip bei Videospielen unter der Voraussetzung, dass die zuvor genannten Anreize den Rezipienten veranlassen, sich in eine fiktionale Welt hineinzuversetzen, die ihm vordergründig keinen informativen oder anderweitigen Mehrwert außerhalb des Spiels bietet. Ist dies erfüllt, erklärt sich der Nutzer (wenn auch oftmals unbewusst) dazu bereit, ein unkonventionelles Interface und eine ungewöhnliche Bedienlogik zu erlernen.

5   Über den Einsatz von Spielelementen in spielfremden Kontexten

5.1   Motivation

Im Folgenden werden Szenarien betrachtet, die zeigen sollen, inwiefern die Motivation Videospiele zu nutzen, auf andere Gattungen digitaler Medien übertragbar ist. Die Gründe für eine solche Übertragung liegen auf der Hand: Viele Inhalte, die es zu kommunizieren gilt, sind aufgrund ihres Informationsgehalts schwer aufzunehmen und nicht jedes Interface, so standardisiert und konventionell es auch gehalten ist, ist leicht zu erlernen. Gerade Interfaces von Softwaretypen mit komplexer Informationsarchitektur (z. B. Produktivitäts-Tools, die in Firmen zum Einsatz kommen) sind oft schwierig zu bedienen und der ihnen zugrunde liegende Inhalt nur schwer aufzunehmen. Dementsprechend niedrig ist die Motivation der User, sich mit dieser Software auseinanderzusetzen. Der Anreiz, den ein Spielerlebnis bietet, hat das Potenzial, diese Motivation zu erhöhen und den

Willen zur intensiven Auseinandersetzung mit der Thematik zu steigern. Aufgrund der Charakteristika des Spielerlebnisses kann die Lernkurve bei einer spielerischen Erfahrung wesentlich höher sein als bei einer herkömmlichen.

5.2   Gamification

Ein mittlerweile populär gewordenes Anwendungsgebiet dieses Grundkonzepts wird Gamification (bzw. Gamifizierung) genannt. Dies beschreibt den Vorgang, spielfremde Prozesse mit spielerischen Elementen zu behaften, um deren Ausführung für Nutzer interessanter zu machen (vgl. Deterding et al. 2011: 2). Die Zahlen sprechen für sich: „Analysten sagen voraus, dass 70 % der größten global tätigen 2000 Organisationen mindestens eine Gamification-Applikation anbieten werden. Auf 4,2 bis 5,3 Mrd. US-$ schätzt die Deutsche Bank den Markt für die Technik" (Ameling und Herzig 2012: 104). Im Alltag ist das Phänomen in unterschiedlichen Anwendungsbereichen anzutreffen.[4] Die wachsende Beliebtheit in Marketing-Kreisen hat auf das Modewort Gamification rufschädigend gewirkt. „Von Angestellten und Kunden hört man im Zusammenhang mit Gamification oft Begriffe wie Monkeyfication oder gar Exploitationware, was sich wenig schmeichelhaft mit Ausbeutungssoftware übersetzen lässt. Betroffene haben so durchaus den Verdacht, dass Spielemechanismen bewusst zur Verhaltensmanipulation eingesetzt werden sollen" (Ameling und Herzig 2012: 108).

Problematisch ist der Ansatz der Gamification zudem, da er womöglich die *User-Experience* interessanter und aufregender gestaltet, Konzept und Inhalt des Produkts tendenziell jedoch nur in unzureichendem Maße berücksichtigt. Die Gamifizierung wird meist erst dann angewandt, wenn das Produkt bereits fertiggestellt wurde. Damit geht einher, dass sie keinen grundlegenden Einfluss auf Bedienkonzept und Storyboard hat, ebenso wie auf sämtliche gestalterische Maßnahmen, welche die Basis für eine zweckmäßige digitale Anwendung bilden.

5.3   Sandboxes

Den Simulationen ähnliche Videospiel-Genres sind solche, die als Spielumgebung eine sogenannte „Sandbox" liefern. Im Computing wird der Begriff

---

[4]Dazu gehört auch das System der Payback-Punkte: Sammeln in Verbindung mit einem Belohnungssystem soll Kunden enger an die beteiligten Unternehmen binden.

Sandbox für die Ausführung von Software innerhalb einer kontrollierten, vom Betriebssystem getrennten Umgebung verwendet. Durch die Sandbox kann vermieden werden, dass andere Software oder das Betriebssystem selbst Schaden nimmt, sei es durch Viren oder fehlerhafte Bestandteile des Codes (vgl. Prevelakis und Spinellis 2001: 1).

Bei Videospielen ist das Vorhandensein einer Sandbox durch die Möglichkeit des sprichwörtlichen Spielens in einem Sandkasten charakterisiert. Die Spielwelt ist offen und kann frei erkundet werden. Es gibt keine lineare Handlung oder Handlungsanweisungen. „Minecraft" (Persson, Mojang & Microsoft Studios 2011) ist ein prominentes Beispiel eines Sandbox-Spiels. Der User kann aus der Egoperspektive die ihn umgebende virtuelle Landschaft in Form von Blöcken abbauen (mine) und daraus Gegenstände wie Werkzeug und Baumaterial herstellen (craft). Von einfachen Behausungen über ganze Städte bis hin zu komplexen infrastrukturellen Gebilden mit automatisierten Schienensystemen und Aufzügen lässt das Spiel offen, was der Spieler baut oder was er mit der Landschaft bewerkstelligt. Selbst Rechnerarchitekturen wurden von Anwendern mithilfe der Blöcke simuliert (vgl. Ohmgane3sha 2011). Hier können, zumindest partiell, Spielerfahrungen gesammelt werden, die außerhalb des Mediums Gültigkeit besitzen.

Eigentlich sollte bei Sandbox-Spielen weniger von „Spielen" als vielmehr von „Spielzeug" die Rede sein. Denn anders als bei herkömmlichen Videospiel-Genres gibt es hier meist weder eine vordefinierte narrative Ebene noch ein vorgegebenes Ziel. Der Spieler, sofern er genug Fantasie besitzt, entwickelt beides durch eigene Zielsetzungen selbst. Der Unterschied zwischen Spiel und Spielzeug lässt sich anhand des Terminus der spielvollen Interaktion („playful interaction") definieren (Deterding et al. 2011: 2). Die *User-Experience* bei einem Videospiel entsteht durch die Entfaltung der Spielmechanik (Regelsätze des Spiels) in Form von spielvoller Interaktion (vgl. Larsen 2008: 13). Bei Sandbox-Spielen wird dem User die Spielmechanik jedoch nicht bewusst, da er sich zumeist keinen Regeln unterwerfen muss. Die Spielmechanik entfaltet sich nur in Form der physikalischen Gesetzmäßigkeiten und Begrenzungen, welche die Spielwelt liefert. So gelten beispielsweise in der Spielwelt von Minecraft zwar die Gesetzmäßigkeiten der Schwerkraft, die durch die Spielmechanik bestimmt sind; letztere schreibt dem Spieler jedoch nicht vor, welche Ziele er in der Spielwelt verfolgen sollte.

5.4   Spielerische Elemente im Alltag

Huizinga hat ausgeführt, dass Bereiche des alltäglichen Lebens eine Annäherung an das Spiel erleben. Er begründet die Tendenz zum Spielerischen im industriellen Wetteifer und den Errungenschaften des technischen Fortschritts in den späten 1930er Jahren wie folgt:

> Die Zunahme des agonalen Sinnes, durch den die Welt in die Richtung des Spiels getrieben wird, hat ein äußerlicher, im Grunde vom Geist der Kultur unabhängiger Faktor wesentlich mit gefördert: die Tatsache, daß auf jedem Gebiet und mit allen Mitteln der Verkehr unter den Menschen so außerordentlich viel leichter geworden ist. Technik, Publizität und Propaganda locken überall den Wettbewerb hervor und machen seine Befriedigung möglich (Huizinga 2013: 215 f.).

Für Gabe Zichermann (2011) ist der Einsatz von spielartigen Elementen ein perfektes Mittel zur Bildung der heute heranwachsenden Generation. Er unterstützt die Etablierung des Begriffs „Generation G", um die beschriebene Zielgruppe zu benennen. Unterhaltungsmedium Nummer eins für Kinder der „Generation G", also ab dem Jahr 2000 Geborene, seien Videospiele. Der Schlüssel liege in der Ausprägung von Multitasking-Fähigkeiten, die jungen Menschen heutzutage in Computerspielen abverlangt werden. Mögliches Resultat daraus sei eine neue Art von Intelligenz, die künftig zunehmend im Umgang mit Informationstechnologien gefordert sein wird. Laut seiner Aussage sei die Implementierung von kooperativen Spielszenarien im Alltag auch für das soziale Zusammenleben förderlich.

Zichermanns These beinhaltet, dass die heutzutage rasch ansteigende Zahl der Diagnosen von Krankheiten wie Aufmerksamkeitsdefizit- und Hyperaktivitätsstörungen bei der heranwachsenden Generation lediglich Begleiterscheinungen des Umstands sind, dass die Informationsvermittlung zu langsam und eindimensional geschieht. Als mögliche Alternative nennt er den Einsatz von Medien für Lern- und Unterrichtszwecke, die sich an Computerspielen orientieren und die hierdurch dem von der Zielgruppe benötigten Tempo hinsichtlich der Verarbeitung von Informationen entsprechen.[5]

Interaktive Medien fordern aufgrund des wechselseitigen Austauschs von Information zwischen Mensch und Maschine eine besondere Aufmerksamkeit des Rezipienten. Obgleich die Urheber digitaler Medien generell Barrierefreiheit

---

[5]Diese Betrachtungsweise ist ein zweischneidiges Schwert, denn man könnte ebenso gut die Aufbereitung bestimmter Unterhaltungsmedien als Ursache für ADHS bezeichnen. Studien, die bestätigen, dass Videospiele des FPS-Genres die Aufmerksamkeitsspanne von Kindern vergrößern, zeigen, so der Hirnforscher Manfred Spitzer (2006: 208): Der Aufmerksamkeitsfokus wird breiter, aber die Fähigkeit, sich auf eine einzelne Sache zu konzentrieren, nimmt ab.

und Simplizität bei der Bedienung proklamieren, hat sich gerade bei Videospielen als Unterhaltungsmedien die Anzahl und Komplexität an Eingaben in den letzten Jahren erhöht.

Mobile Games und Casual Games sind in der Bedienung zwar oft simpler, sie sind jedoch darauf ausgelegt, dass man immer und überall weiterspielen kann – hier kann der User sozusagen aus jeder lebensweltlichen Situation heraus in das Spielerlebnis ein- und wieder aussteigen. In der klassischen Definition von Spiel sollte die Spielumgebung, wie eingangs beschrieben, zeitlich und räumlich von der Lebenswelt getrennt sein (siehe oben, 2.1). Die Membran zwischen spielerischem und lebensweltlichem Umfeld ist bei Mobile und Casual Games so dünn, dass der ständige Wechsel dem Aufrechterhalten der Aufmerksamkeit nicht zuträglich sein kann. Der Reiz von Casual Games liegt in der Möglichkeit, sich immer und jederzeit ein kleines Stück Unterhaltung zu gönnen. Einer bewussten Auseinandersetzung mit dem Spielerlebnis wirkt dies eher entgegen. Die Motivation, sich mit einem Medium intensiv auseinanderzusetzen, stellt jedoch einen potenziellen Ansatzpunkt dar für die Nutzung von Elementen aus Videospielen und deren Übertragung auf einen spielfremden Kontext im Bereich der Informationsvermittlung. Neugier und Faszination für eine Spielwelt können genutzt werden, um einen bleibenden Eindruck beim Rezipienten zu hinterlassen und Interesse für ein Thema zu wecken, das sich im Spiel präsentiert, jedoch über den abgesteckten Rahmen des Spielerlebnisses hinaus Geltung und Gültigkeit besitzt.

5.5   Die Etablierung von Hacking

Neugier und Faszination müssen sich nicht auf die narrative Ebene des Spiels beschränken. Sie können auch die Technik, auf Basis derer das Spiel entstanden ist, umfassen und den Rezipienten dazu verlocken, mechanische, erzählerische oder ästhetische Elemente des Spiels willentlich zu verändern oder sein eigenes Spiel zu kreieren. Spielkulturelle Erscheinungen wie das Erstellen von sogenanntem *User-Generated-Content* (das Erstellen eigener Levels, Charaktere und Gegenstände durch den Benutzer) und das Modding (teilweise oder komplettes Modifizieren des ursprünglichen Spiels) sind seit jeher wichtige Bestandteile der Szene, die zu deren Weiterentwicklung und der Langlebigkeit von Spielen durch die Stärkung der Spielercommunity grundlegend beigetragen haben.

Um den Vorgang des Moddings zu ermöglichen, müssen die technischen Mittel, mit denen das Videospiel erstellt und programmiert wurde, z. B. zugrunde liegende Grafiken, Texturen, Sound-Dateien sowie in einigen Fällen auch Teile des Quelltexts vom Benutzer eingesehen, kopiert, geändert und überschrieben werden können. Dieses Zeigen der zugrunde liegenden Technik findet sich beispielsweise auch im epischen Theater wieder. Bertolt Brecht (1967: 301 ff.) sprach in seinen Erarbeitungen vom sog. Verfremdungs-Effekt. Das epische Theater hat einen eigentümlichen Ansatz entwickelt, den Zuschauer in das Bühnengeschehen einzubeziehen. Die narrative Ebene wird durch Kommentare unterbrochen und in einen aktuellen gesellschaftlichen oder politischen Kontext gesetzt. Auf ausschmückende Bühnenausstattung wird verzichtet. Die Technik, die das Theater ermöglicht, wird gezeigt, wie sie ist.

Der Zuschauer wird „im Theater empfangen als der große Änderer, der in die Naturprozesse und die gesellschaftlichen Prozesse einzugreifen vermag, der die Welt nicht mehr hinnimmt, sondern sie meistert. Das Theater versucht nicht mehr, […] ihn die Welt vergessen zu machen, ihn mit seinem Schicksal auszusöhnen. Das Theater legt ihm nunmehr die Welt vor zum Zugriff" (ebd.).

Brechts episches Theater legt Bezüge zur Technik des Durchbrechens der vierten Wand nahe, die sowohl in Theater als auch in Filmen und Videospielen Einsatz findet.[6] Die vierte Wand ist die vom Zuschauer wahrgenommene Membran zwischen ihm und der Kulisse. Im Film kann sie mit der physisch vorhandenen Leinwand bzw. dem Bildschirm gleichgesetzt werden. Das Brechen dieser Trennung bedeutet, den Betrachter durch die Membran hindurch direkt zu adressieren. Der „vierte Blick" (vgl. Galloway 2012: 40 ff.) erhält im Medium Computerspiel eine gesonderte Rolle, da Betrachter und Akteur hier zu einer Instanz verschmelzen. In Film und Theater soll das Brechen der vierten Wand die Illusion des Mediums stören. Durch das direkte Adressieren des Rezipienten – gerade im FPS-Genre, wo der Anwender die Ego-Perspektive eines künstlichen Akteurs einnimmt – kommt eine Identifizierung mit der narrativen Ebene überhaupt erst zustande (vgl. ebd.: 69). Die Durchbrechung der vierten Wand sollte sich in diesem Fall vollziehen, wenn der Spieler aus eigenem Antrieb (womöglich also intrinsisch motiviert) die diegetische Ebene verlässt, indem er z. B. die Spielhandlung temporär unterbricht und beginnt, den technischen Hintergrund des Spiels zu examinieren. Das Modell des Modifizierens von Inhalten beschränkt sich zum größten Teil auf die Videospiel-Industrie. Andere Branchen, gerade im Metier digitaler Medien wie Software und Apps, haben strenge Restriktionen und Urheberrechts-Vorschriften gegen das Ändern von Software und Quelltext

---

[6]Das Web-Portal „TV Tropes" enthält eine herausragende Sammlung mit Referenzen aus Film, Theater, Musik usw. zum „Lehnen an die vierte Wand" (vgl. TV Tropes o. J.).

entwickelt. Die Verbreitung der Open-Source-Bewegung im Bereich kommerzieller Software ist immer noch ein Tropfen auf den heißen Stein. War es vor der Etablierung des Internets Ende der 1990-er Jahre noch vergleichsweise einfach, Schutzmaßnahmen zu durchbrechen und Software den Wünschen des Users entsprechend zu modifizieren, haben Benutzer es heute bei Betriebssystemen mit geschlossenen Systemen zu tun, bei denen der Hersteller vorschreibt, wie sie zu benutzen und inwieweit sie anpassbar sind. Und auch das Modding bei Computer-Spielen ist heutzutage oftmals ein von den Herstellern gesteuerter Prozess, der vorschreibt, welche Inhalte und Quelldateien eingesehen und bearbeitet werden dürfen und welche nicht. Das Modding eines Computerspiels wird sozusagen Teil der *User-Experience* desselben.

Dabei bietet das Modifizieren von Inhalten bei Computerspielen enorme Möglichkeiten für eine Generation, für die ein bewusster Umgang mit der Technik unserer heutigen Informationsvermittlung essenziell ist. Mediennutzer sollten nicht lediglich Konsumenten sein, die Inhalte aufnehmen, sondern ein Verständnis dafür haben, wie die bei der Informationsvermittlung eingesetzte Technik beschaffen ist und welche Gefahren und Risiken sie hinsichtlich einer potenziellen manipulativen Wirkung beherbergen kann. Der Blick hinter die Kulissen sozusagen, den das Brecht'sche Theater, sowie die cineastische Avantgarde durch das „Foregrounding", das Offenlegen der filmischen Techniken wie Mikrofone, Bühnenausstattung, Scheinwerfer etc., lieferten (vgl. Galloway 2012: 114 f.), findet sich bei den Videospielen in der Modding-Kultur wieder.[7]

Der Anreiz für den Rezipienten, eine vorhandene Spielerfahrung zu hacken, hat positive Auswirkungen auf seine Souveränität im Umgang mit dem Medium. Es führt zu einer Mündigkeit des Users im Umgang mit den heutigen technischen Mitteln, welche ihm von der Industrie mittlerweile zu großen Teilen aberkannt wurde. Digitale Medien sollten nicht nur transparenter sein, ihre Nutzer sollten sich auch aus freien Stücken dafür entscheiden können, sich Durchblick zu verschaffen. Für die Generation G (siehe oben, 5.4) kann die Begeisterung für Videospiele und deren Möglichkeiten des Moddings zur wachsenden Versiertheit gegenüber digitalen Medien beitragen.

---

[7]Im Übrigen werden Betrachtungen des modernen Theaters sowie die Interaktion zwischen Bühne und Publikum in Hinblick auf Computerspiele auch mit dem subversiven Spiel – der vom Spieler veranlassten Beschleunigung der Spielerfahrung durch das Ausnutzen von Fehlern und Glitches – in Verbindung gesetzt (vgl. hierzu Feige 2015: 126 f.).

5.6   Immersion als Trend bei der Inszenierung digitaler Medien

Der Anforderung von Mündigkeit gegenüber digitalen Medien treten zwei konkrete Phänomene entgegen. Einerseits ist es die erwähnte Standardisierung der *User-Experience* und die Einschränkung des Möglichkeitsspielraums beim User-seitigen Anpassen derselben. Andererseits ist es der insbesondere bei den Unterhaltungsmedien manifestierte Trend, immer komplexere, undurchsichtigere Technik einzusetzen, um die *User-Experience* eines zu erzielenden Immersions-Effekts (im Sinne eines Eintauchens in das Spielerlebnis und deren visuellen Repräsentation) maximieren zu können. „Die metaphorische Übertragung des Begriffs auf den Effekt, den eine bestimmte Darstellung auf das Erleben des Rezipienten hat, bezieht sich auf das Maß an ›Eintauchen in‹ oder ›Verschmelzen mit‹ der Darstellung" (Schröter 2004: 153).

Die Erzeugung von Immersion durch Realismus bei digitalen Medien ist ein umstrittenes Thema. Für die Thematik des Fotorealismus in Videospielen und Computersimulationen ist eine Unterscheidung zwischen digitalisierten und generierten Bildern nötig (vgl. ebd.: 196 ff.). Die Erstellung von Texturen für fotorealistische Videospiele findet heutzutage meist durch die Digitalisierung im Sinne des Abfotografierens realer Objekte und Strukturen statt. Einige Spiele mit prozeduralem Ansatz hingegen, z. B. die Weltraumsimulation „No Man's Sky" (Hello Games 2016), lassen generativ komplett virtuelle Szenerien entstehen und haben somit keine Abbildungen physischer Repräsentationen aus der echten Lebenswelt zur Grundlage. Keines der Merkmale in dieser Unterscheidung sagt jedoch etwas über das Maß an Realismus bezüglich ihrer Visualisierung aus.

> Insbesondere aber ist die [...] Unterstellung, die neuen Bilder seien qua ihres mathematischen Charakters eo ipso weniger referenziell, extrem problematisch. ›Realismus‹ spielt auch bei den ›rein mathematisch‹ generierten Bildern auf mehreren Ebenen eine zentrale Rolle. [...] Offenkundig bedeutet ›realistisch‹ oft keineswegs die Anlehnung an das ›natürliche‹ Sehen, sondern vielmehr die Ausrichtung des generierten Bildes auf die von Fotografien und Filmen geprägten Sehkonventionen (Schröter 2004: 197).

Unabhängig von dieser Betrachtungsweise realistischer Darstellung gilt es zu diskutieren, ob sich der Konsum eines bestimmten Mediums für den Rezipienten realistisch anfühlt. Das Maß an Realismus in Videospielen sollte nicht zuletzt durch das Identifikationsvermögen des Spielers mit der Spielwelt definiert sein, unter anderem bedingt durch das Milieu, dem der Spieler entspringt.

„So it is because games are an active medium that realism in gaming requi-res a special congruence between the social reality depicted in the game and the social reality known and lived by the player. [...] From this one may deduce that realism in gaming is about a relationship between the game and the player" (Gal-loway 2012: 83 f.).

5.7   Das Virtualitäts-Kontinuum

Der neu entfachte Hype um die Virtuelle Realität (VR) hat insbesondere den Begriff der Immersion populärer gemacht. VR-Brillen werden wie eine Art Schutzbrille oder Visier als „head-mounted device" (HMD) getragen. Anders als Bildschirme, welche sozusagen Fenster in die virtuelle Welt darstellen, pro-jizieren sie digitale Inhalte direkt in das Sichtfeld des Betrachters. Von einem visuellen Standpunkt aus versetzen die Brillen den User also direkt in die digitale Umgebung. Das Ändern der Blickrichtung wird nicht durch die Peripherie (wie z. B. in FPS-Spielen üblich mit Maus und Tastatur) vorgenommen; es entspricht den Änderungen der Blickrichtung mittels Kopfbewegung. Durch diese senso-risch-leibliche Komponente ist auch der Grad an Immersion wesentlich höher als beim Blick auf ein Display. Das Potenzial, Unterhaltungsmedien, digitale Spiele und auch informationsvermittelnde Medien mithilfe des Aspektes der Immersion durch VR aufzuwerten, ist enorm. Die Definition von Videospielen als aktions-basierte Medien (siehe oben, 4.3) wird durch das Transferieren von Artefakten des Users in die virtuelle Umgebung um den Aspekt der sprichwörtlichen Prä-senz innerhalb des Mediums erweitert (vgl. Drew 2014: 58 f.). Der Rezipient ist nicht mehr lediglich für die reine Bedienung von Mechaniken verantwortlich, er fühlt sich als Teil derselben. Dies unterstützt das Aufbauen und Aufrechterhalten des Gameflow (siehe oben, 2.1). Dieses Potenzial der Verschmelzung des Anwen-ders mit seinem Avatar (d. h. seiner wahrgenommenen Präsenz innerhalb des Mediums) sowie das hohe Maß an Identifikation mit der Spielwelt unterscheiden VR-gestützte Erfahrungen von allen bis dato gängigen Videospieltypen. Gerade im Sinne einer *User-Experience,* die bleibende, über den virtuellen Raum hinaus verwertbare Eindrücke generieren soll, kann die Immersion als gestalterisches Mittel genutzt werden, um den Informationsfluss zwischen Medium und Nutzer zu erhöhen.

Der Vorstoß der VR-Brille im Vertrieb hat jedoch auch bestehende Entwick-lungen vorangetrieben, die weitere, teilweise auch spielfremde Märkte für Hard-ware- wie Software-Hersteller erschließen sollen. Bereits vor mehreren Jahren hat sich Augmented Reality (erweiterte Realität, kurz: AR) als effiziente Technologie für die Distribution digitaler Medien herausgestellt, die mit der Einführung des Smartphones beschleunigt wurde. AR ist ein Verfahren, bei dem die von Benutzern wahrgenommene Realität durch die Einbindung virtueller Artefakte erweitert wird. Bei Smartphones geschieht dies beispielsweise, indem das von der Kamera erfasste Bild der Außenwelt mit Umgebungsdaten des Benutzers sowie digitalen Bildelementen verrechnet und in einer kombinierten Darstellung auf dem Display angezeigt wird. Der Betrachter erhält den Eindruck, die aufbereiteten Informationen seien direkt in seiner über das Display wahrgenommenen Umgebung verortet. Smartphone-Apps, die AR einsetzen, können so z. B. die visuelle Wahrnehmung von herkömmlichen oder Printmedien digital erweitern oder bei räumlicher Orientierung und Navigation helfen. Bereits im Gebrauch ist auch die Implementierung von Simulationen zu Schulungs- oder Lernzwecken. Eine weitere Möglichkeit ist, die Überlagerung der Realität mit Informationen im Kontext sozialer Medien und insbesondere von Spielen zu nutzen. Durchschlagenden Erfolg erzielte die Smartphone-App „Pokémon Go" (Niantic 2016). Ein ohnehin in Spielerkreisen bereits beliebtes Franchise und ein auf Casual Games ausgelegtes Nutzererlebnis haben dem Spiel zu großer Popularität verholfen. „Pokémon Go" hat jedoch auch auf Entwicklerseite besondere Aufmerksamkeit geweckt, weil es ein für AR bislang größtenteils unbekanntes Konzept für die Verzahnung von Realität und Virtualität nutzt. So kombiniert die App beispielsweise die (via GPS ermittelte) räumliche Verortung mit Kartendaten der Umgebung, um kontextbasiert virtuelle Inhalte in die Lebenswelt des Spielers zu projizieren. Entwicklerseitig hat sich eine Fortentwicklung der Kombination von Realität und Virtualität herauskristallisiert: Virtuelle Objekte sollten nicht lediglich eine wahrgenommene Lebenswelt überlagern, sondern in Interaktion damit treten.

Graeme Devine vom Start-up-Unternehmen MagicLeap fasst diese erneute Kombination unter dem Begriff „mixed reality" zusammen: „Mixed reality is the mixture of the real world & virtual worlds so that one understands the other. This creates experiences that cannot possibly happen anywhere else" (Devine 2017). Vorangetrieben wird das Konzept der „mixed reality" auch durch Produktentwicklungen in Form von AR-Brillen. Dieser besondere Typ von HMD erlaubt dem Benutzer den Blick auf die Realität wie durch eine herkömmliche Brille, erweitert aber das Sichtfeld, indem digitale Inhalte direkt auf den Brillengläsern erscheinen oder auf die Netzhaut projiziert werden. So entsteht der Eindruck, virtuelle Objekte seien wie Hologramme in den realen Raum gesetzt worden. Dies ermöglicht eine wesentlich höhere Immersion als bei der herkömmlichen, über ein Smartphone-Display wahrgenommenen erweiterten Realität.

Der Begriff „mixed reality" wurde bereits 1994 definiert, also lange vor der Entwicklung möglicher kundenorientierter Anwendungsbereiche für VR und

AR. Paul Milgram und Fumio Kishino (1994) erklärten mit ihrem Modell des sogenannten „Virtualitäts-Kontinuums", welche unterschiedlichen Zustände die Kombination von virtuellen Artefakten mit der Realität einnehmen kann. Von Mischformen, die die Lebenswelt mittels AR überlagern bis hin zur eingangs behandelten virtuellen Realität, die den Benutzer komplett in virtuelle Räume transferiert, deckt die dargestellte Skala in Milgrams und Kishinos Forschung sämtliche Bereiche ab. Sie zeigt aber auch, dass unzählige weitere Ausprägungen der medialen Inszenierung möglich sind. Die „Augmentierte Virtualität" überlagert z. B. virtuelle Erlebnisräume mit bildhaften Anleihen realer Objekte. Bei einigen Videospielen bedeutet dies beispielsweise, dass Benutzer die optische Erscheinung ihres Avatars durch Hinzufügen ihres Portraitfotos umgestalten können. Entsprechend einer begrifflichen Erweiterung ist sogar der Einsatz eines inversen Szenarios „virtuell augmentierter Virtualität" denkbar – das heißt, die Kombination aus virtueller Realität mit virtuellen Informationen einer grundsätzlich anderen Bedeutungsebene oder mit Referenzen zur Realität zu versehen. Die noch folgenden Ausführungen zur praktischen Umsetzung machen von solch einem Szenario Gebrauch.[8]

Die Faszination für die Technologie und deren mit dem „Virtualitäts-Kontinuum" beschriebenen Einsatz liegt darin, dass Realität und Virtualität einen bislang unbekannten Bezug aufeinander nehmen. Computer-Programme sind nicht mehr von der Lebenswelt getrennte Enklaven, sie nehmen augenscheinlich Einfluss auf die Wahrnehmung der Realität; mitunter lernen sie sogar von ihr.[9] Dadurch haben sie das Potenzial, das Erleben im Umgang mit der Realität zu bereichern. Dennoch: Der bisherige marktseitige Vorstoß der entsprechenden Technologien in den Konsumentenbereich strebt hauptsächlich den Anschein von Realismus an. Vor dem Hintergrund der Betrachtungen über den Simulationsbegriff und den Einsatz von Realismus (insbesondere in Videospielen) stellt sich daher die Frage, inwiefern mittels Mixed Reality sichtbar gemachte Simulationen wissenschaftlich verifizierbar sind oder einen nachhaltigen Effekt bezüglich späterer Erfahrungen eines Rezipienten in der Realität erzielen können.

---

[8]Um vorzugreifen und den Anwendungsfall zu illustrieren: Das in „loop" dargestellte Code-Interface ist eine virtuelle Augmentierung der virtuellen Welt, innerhalb derer der Benutzer sich befindet.

[9]Vgl. hierzu auch Ausführungen zur technischen Implementierung von „Spatial Awareness" (vgl. Pulkka 2016).

6 Entwicklung eines Frameworks zum Einsatz spieltypischer Elemente im Informationsdesign

6.1 Spieltypische Elemente: Eine Auswahl

In Einklang mit der erarbeiteten Definition des Spielbegriffs und unter Berücksichtigung der Besonderheiten, die Videospiele als digitale, simulierende Medien mit sich bringen, werde ich im Folgenden erörtern, welche Elemente Videospielen entliehen werden können, um digitale Medien so zu gestalten, dass sie über das mediale Erlebnis hinaus zur Generierung von Wissen beim Benutzer beitragen. Wichtig ist dabei zuerst, dass ein der Informationsvermittlung dienendes Produkt, das sich spielerischer Elemente bedient, weder zwingend als Spiel angepriesen werden noch seine spielerische Struktur offenlegen muss, wie auch immer diese beschaffen ist. Ausschlaggebend ist, dass der Konsum des Produkts durch ein außerhalb des Spielerlebnisses liegendes Ziel (sich Wissen aneignen, ein Verständnis für eine Sache bekommen) motiviert ist. Um das Interesse potenzieller Nutzer zu wecken und ihre Neugier zu aktivieren, ist es jedoch von Vorteil, wenn Anreize, die aus dem Nutzererlebnis hervorgehen, klar kommuniziert werden. Hierzu zählen:

- die Aussicht auf ein interessantes erzählerisches Erlebnis;
- eine *User-Experience* (je nach Softwaregattung kann auch die Spielmechanik gemeint sein), die sich herausfordernd und innovativ präsentiert;
- die Bedienung eines unkonventionellen Interface;
- eine visuell realistische oder anderweitig interessante grafische Darstellung und
- die Aussicht auf eine immersive Erfahrung bei der Benutzung.

Die Informationsvermittlung muss also nicht der ausschlaggebende Punkt sein, der vor Eintreten in das Nutzererlebnis Neugier weckt, auch wenn sie die primäre Zielsetzung des Mediums ist. Die Auswahl von Neugier erregenden Aspekten muss im Einzelfall je nach Kontext und Zielsetzung des Produkts entschieden werden. Sobald der User mit der Verwendung des Mediums beginnt, sollte er mit der Spielmechanik vertraut gemacht werden. Hierbei sind zwei Aspekte wichtig. Zum einen sollte sich das Erlernen der Spielmechanik mit der narrativen Ebene des Erlebnisses decken. Produkte, die primär der Informationsvermittlung dienen, können nicht grundsätzlich eine narrative Ebene einschließlich Spannungsbogen bieten. An die Stelle der Erzählebene im Sinne einer Dramaturgie sollte bei solchen Medien die inhaltliche Ebene treten, auf der die eigentliche Informationsvermittlung stattfindet. Zum anderen ist im Zuge der Konzeptionierung der

Spielmechanik wichtig, dass das aus ihr hervorgehende Regelbewusstsein Erfahrungen generiert, die zur gewünschten Informationsvermittlung beitragen. Das bedeutet: Das Nutzererlebnis sollte sich mit dem Aneignen und Meistern von Spielregeln decken. Diese Regeln präsentieren sich im Idealfall nicht als willkürlich, sondern stehen in Einklang mit der narrativen Ebene sowie mit der Erfahrung des Nutzers.

Bei der Gestaltung des Nutzererlebnisses kann eine kooperative Komponente zum Einsatz kommen, die im Sinne eines Multiplayer-Szenarios mehrere Nutzer am Spiel teilhaben lässt. Spieler bringen, wie Galloway ausführt, ihre eigene soziale Realität in die Erfahrung ein (siehe oben, 5.7). Die Beziehung zwischen Spielern, ihren jeweiligen sozialen Realitäten sowie dem gemeinsamen dialogisch[10] synchronisierten Spielerlebnis könnte einen Abgleich zwischen den Spielern ermöglichen, der das Synthetisieren der von allen Beteiligten gemeinsam gemachten Erfahrung fördert.

Konkret auf die Spielmechanik bezogen birgt der kooperative Aspekt Potenziale hinsichtlich einer gemeinschaftlichen, tiefergreifenden Auseinandersetzung. Schwierigkeiten beim Anwenden der Spielregeln sowie während des Erlebnisses auftretende Hürden können zwischen den Spielern wechselseitig überwunden werden. Der Dialog fördert das Meistern der Spielmechanik, das Entstehen eines Regelbewusstseins und die Reflexion der gemachten Erfahrungen gleichermaßen. Dies leistet einen wichtigen Beitrag zur Transformation von implizitem in explizites Wissen im Sinne der Informationsvermittlung und des Informationsdesigns (siehe oben, 3.2).

6.2   Das Loop-Framework

Um die selektierten Elemente synthetisieren und in ein gestaltbares Produkt übersetzen zu können, ist im Laufe der vorgestellten Erarbeitung ein Framework entstanden. Das auf Abb. 1 dargestellte Flussdiagramm dient als modellartige Grundlage für die Gestaltung spieltypischer Elemente und Erfahrungsräume zum Zwecke der Informationsvermittlung.

---

[10]Vilém Flusser (2007: 16) unterteilte die menschliche Kommunikation in Dialoge und Diskurse. Diskurse dienten der bloßen Weitergabe und dem Bewahren bereits vorhandener Informationen, während Dialoge neue Informationen hervorbrachten. Im Sinne von Flussers Kommunikologie könnte man also sagen, dass auch das (regelbezogene) Spiel eine dialogartige Wirkung hat, infolge derer neue Informationen erzeugt bzw. sichtbar gemacht werden. Dies ist im Sinne des Informationsdesigns interessant: Was nimmt der Spieler aus dem Spiel mit? Entsteht ein Mehrwert an Informationen? Macht er Erfahrungen, die ihm über das Spiel hinausgehend nützen?

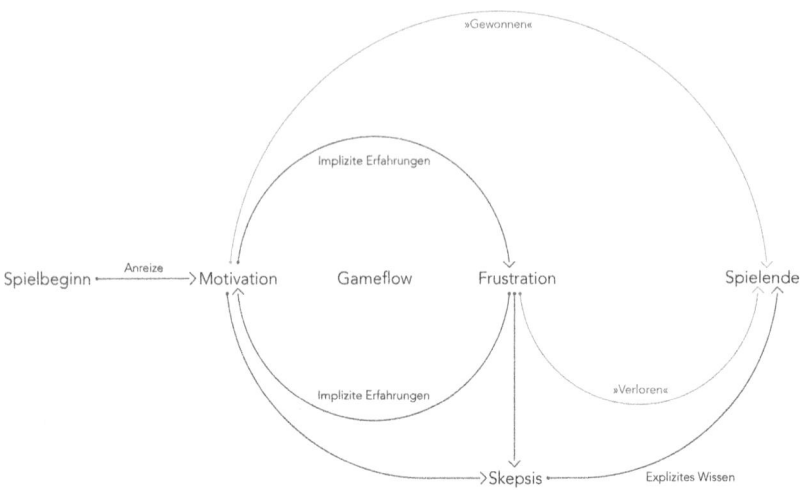

Abb. 1 Flussdiagramm zur Veranschaulichung des Loop-Frameworks. (Quelle: Eigene Abbildung)

Die zuvor beschriebenen Anreize, allen voran die Neugier, veranlassen den Rezipienten dazu, sich auf das Spiel einzulassen. Der kleinere Kreislauf, der sich zwischen den Elementen Motivation und Frustration bewegt, entspricht einer Spielerfahrung im weitesten Sinn. Das Ausbalancieren frustrierender und motivierender Faktoren ist Hauptaufgabe des UX- bzw. des Game-Designs. Frustration bedeutet jedoch nicht zwingend, dass es sich um eine negative Erfahrung handelt (vgl. Nylund und Landfors 2015: 17 ff.). Positive Frustration ist beispielsweise dadurch gegeben, dass der Spieler eine Hürde vor sich sieht, für deren Überwindung er mehrere Anläufe braucht. Ist diese Hürde überwunden, folgt eine motivierende Erfahrung im Sinne eines Erfolgserlebnisses. Im Idealfall tritt der Spieler in den Gameflow ein und nimmt damit das ihm gebotene Spielkonstrukt an (siehe oben, 2.1). Hierbei werden implizite Erfahrungen gemacht: Der Spieler macht sich mit Spielwelt und -mechanik vertraut und entwickelt ein Regelverständnis. Der wiederholte Ablauf von motivierenden und frustrierenden Erfahrungen unterschiedlicher Art fasst das Spielerlebnis zusammen. Gerade im Bereich digitaler Spiele liegt die Verbindung des Gameflow-Konzepts mit dem Begriff der Immersion bei VR-Simulationen nahe. Beide Wörter werden benutzt, um zu ermessen, inwieweit sich der User auf das Erlebnis einlässt. Ideale Informationsaufnahme kann dadurch erzielt werden, dass sich das dem Spiel eigene

Regelwerk mit den zu vermittelnden Erfahrungen deckt. Ritualisierung und wiederholende Handlungsabläufe, die mit dem Regelbewusstsein verinnerlicht werden, führen zur Festigung der entsprechenden Erfahrung. Beendet der Spieler
das Spiel mit einem positiven Erlebnis, kann das Spiel als gewonnen betrachtet
werden; endet das Spiel mit einer negativen Erfahrung, als verloren. Natürlich ist
diese Betrachtungsweise stark vereinfachend, denn es gibt ebenso Erfahrungen
(gerade im Genre der Sandbox-Spiele; siehe oben, 5.3), bei denen weder Gewinnen noch Verlieren auf einer formalen Ebene kommuniziert wird.

Bis zu diesem Punkt lässt sich das Modell deskriptiv auf die meisten Spieler-
lebnisse anwenden. Der von herkömmlichen Spielen abweichende und für die
Informationsvermittlung wesentliche Aspekt ist das Aufbauen der Skepsis beim
Verlassen des Spielerlebnisses. Der Begriff Skepsis wird an dieser Stelle für den
kognitiven Prozess des Benutzers verwendet, seine Erfahrungen innerhalb des
Erlebnisses und das erlernte Regelbewusstsein in Bezug auf die eigene Lebenswelt zu verifizieren. Dieser Vorgang ist, wie bereits beschrieben, bei sämtlichen
simulierenden Medien essenziell (siehe oben, 3.2). Es lässt sich behaupten, dass
er vorbewusst stattfindet, wenn (bzw. falls) Erfahrungen aus dem Medium mit
realen Erfahrungen abgeglichen werden: Kann der Benutzer in Verkörperung seiner virtuellen Repräsentation innerhalb eines Spiels beispielsweise drei Meter
hochspringen, wird er sich dennoch mit hoher Wahrscheinlichkeit nach Beenden
des Spiels seiner eigentlichen körperlichen Fähigkeiten im Klaren sein und weiterhin die Treppe benutzen. Beim Einsatz spieltypischer Elemente im Informationsdesign sollte der Fokus auf das Bewusstmachen dieses Abgleichprozesses gelegt
werden. Dazu gehören das Hinterfragen der im Zuge des Spielerlebnisses erlern-
ten Regeln sowie das Überprüfen der visuellen, akustischen und sensorischen
Reize, die ein simulierendes Medium auslöst. Es gibt unterschiedliche Möglichkeiten, Skepsis hervorzurufen. Eine Option ist der bedachte Einsatz non-diegetischer Elemente, die das Spielerlebnis erschüttern. Diese bewusste Unterbrechung
des Gameflows durch Elemente, die nicht mit der narrativen Ebene des Spiels in
Einklang stehen (siehe oben, 4.2), macht dem Spieler bewusst, dass sein momen-
tanes Erleben einer fragilen und rein virtuellen Konstruktion zu verdanken ist.
Diese Unterbrechung findet auch bei herkömmlichen Spiele-Produkten statt,
wenn auch nicht immer freiwillig. Dazu gehören das Abstürzen der Software,
das Einblenden von Werbebannern bei Mobile Games oder die Wartezeit beim
Laden eines Spiels. Bei einem Produkt, das informationsvermittelnde Funktion
haben soll, bietet es sich an, dem Interface als non-diegetisches Element besondere Aufmerksamkeit zu schenken. Die Verwendung eines HUD in Form von
Informationsüberlagerungen (siehe oben, 4.2) kann bei Spielen, die auf maximale
Immersion ausgelegt sind, die angestrebte Unterbrechung des Gameflows bewirken, indem es zeitweise gezielt eingeblendet und als eine Art visuelle Barriere

zwischen Rezipienten und Spielwelt gesetzt wird. Der User wird dadurch in der Wahrnehmung von und der ihm natürlich erscheinenden Interaktion mit der Spielwelt gestört. Die Relation zwischen Eintritt in den Gameflow und dessen bewusster Erschütterung kann durch den subtilen Einsatz des HUD an den richtigen Stellen sehr präzise gesteuert werden. Eine andere Möglichkeit, Skepsis zu bewirken, besteht darin, das Medium so zu gestalten, dass es einen Regelbruch provoziert: Hürden während des Spielerlebnisses können auf eine Art und Weise aufbereitet werden, dass sie ohne äußere Einflussnahme nicht überwunden werden können. Die Möglichkeit der Beseitigung kann beispielsweise durch Hinwegsetzen über die Spielregeln innerhalb des Erlebnisses erzielt werden (Cheating).[11] Da Cheat-Codes jedoch ihre eigene, vom Entwickler willkürlich gewählte Semantik besitzen und dadurch meist keinen technischen, geschweige denn inhaltlichen Bezug zum Medium haben, eignen sie sich nicht für das Überwinden von Hürden zum Zwecke einer reflektierten Auseinandersetzung.

Die womöglich bessere Variante des Regelbruchs ist die Modifikation des Spiels von Außen. Im Einklang mit den vorher diskutierten Überlegungen zum Modding und Hacken der Spielerfahrung führt dies dazu, dass das Medium als transparent wahrgenommen und dessen Limitierungen gegenüber der Lebenswelt nachvollziehbar werden (siehe oben, 5.5). Die Einsicht in Quelldateien und Source-Code legt offen, auf welche Inhalte bei der Simulation der Fokus gesetzt wurde und inwiefern die Modellierung gegenüber der Realität geändert oder abstrahiert wurde. Letzten Endes wird dem Benutzer die Möglichkeit eröffnet, das Modell zu verändern oder ein gänzlich neues zu kreieren, um eigene, vom Gestalter vielleicht gar nicht beabsichtigte Erkenntnisse zu erzielen. Die Skepsis ist bei dem vorgestellten Modell der entscheidende Aspekt; sie soll ermöglichen, dass Erkenntnisse gesammelt werden, die über den Spielraum hinaus Gültigkeit haben. Skepsis befördert die Konvertierung impliziter Erfahrungen in explizites Wissen, das außerhalb des Spielerlebnisses verwertbar ist.

7   „loop()": Ein Spielerlebnis für das Entdecken virtueller Welten durch Code

7.1   Veranlassung

Im Rahmen der vorangegangenen Untersuchungen und des entstandenen Frameworks entwickelte ich eine interaktive Anwendung namens „loop()". Der Fokus

---

[11]Vgl. m.A. 2017. In 5.5 findet sich auch eine Erwähnung des Begriffs des subversiven Spiels, der mit dem Cheating verwandt ist.

der zu vermittelnden Erfahrung wurde auf die Technik gelegt, die digitalen Spielen und simulierenden Medien zugrunde liegt: Zielsetzung der Anwendung ist es, ein Verständnis für die Programmierung virtueller Welten und den Einsatz von Algorithmen und Generativität in diesem Zusammenhang zu vermitteln. Rezipienten, die bislang keinen Kontakt mit Programmiersprachen hatten, sollen ein Gespür für die Semantik von Codes entwickeln. Gleichzeitig soll darauf hingewiesen werden, wie schnell virtuelle Konzepte von Wirklichkeit und Realität durch das Ändern nur geringer Bestandteile des zugrunde liegenden Codes dekonstruiert werden können. Letztlich ist die Arbeit eine wissenschaftspoetische Auseinandersetzung mit der Gegebenheit, dass Programmiersprachen als lineare Zeichensysteme non-lineare Räume und Erlebnisse schaffen können. Die Entstehung des Projekts begleiteten betreute Testläufe, die durch anschließende Dialogsituationen Erkenntnisse über die Erfahrungen der Teilnehmer lieferten.[12] Dies ermöglichte mir während der Entwicklung, die erfolgreiche Vermittlung der inhaltlichen Thematik von „loop()" zu verifizieren und Rückschlüsse auf die Stichhaltigkeit meiner Masterthesis zu ziehen.

7.2 Aufbau

Für die Vermittlung des Themas wurde ein virtuelles Spielerlebnis geschaffen, das verschiedene Themen der Programmierung behandelt. Als Interface-Elemente wurden die VR-Brille Oculus Rift (vgl. Oculus VR 2012), ein Leap Motion Sensor zur Erkennung von Hand- und Fingergesten (vgl. Leap Motion Inc. 2017) sowie ein mechanisches Laufband zur Erfassung von Laufbewegungen des Users eingesetzt. Eine neben dem Aufbau befindliche Projektion oder ein zusätzlicher Bildschirm macht einen Ausschnitt der virtuellen Welt und das vom Benutzer wahrgenommene Erlebnis für andere Betrachter der Installation sichtbar. Dieses Arrangement ermöglicht die Immersion in das virtuelle Erlebnis und soll Neugier bei potenziellen Nutzern schaffen. Der Erfahrungsraum des Spielers wird zu

---

[12]Testläufe wurden mit acht Personen im Zeitraum Mai bis Juli 2015 durchgeführt. Jeder Testlauf beinhaltete die Vorführung des momentanen Stands der Anwendung und ihres technischen Aufbaus (siehe unten, 7.2) sowie einen Probedurchlauf, der Aufschluss über den Umgang des Testkandidaten mit der Spielmechanik und dem Interaktionskonzept geben sollte. Besagte Testläufe wurden u. a. im Steinbeis-Forschungszentrum Design und Systeme in Würzburg durchgeführt.

einem gewissen Grad in den realen Raum geholt und andere Anwesende können Anteil an seinem Erlebnis nehmen. Die *User-Experience* innerhalb des Mediums wurde folgendermaßen konzipiert: Der Benutzer bewegt sich innerhalb der virtuellen Welt, indem seine Schritte auf dem Laufband digitalisiert werden. Angezeigt wird ein linearer Pfad, der als Indiz für den Weg des Nutzers durch die Spielwelt dient. Um den Pfad befinden sich je nach Etappe voneinander losgelöst erscheinende Artefakte und Referenzen zu realen Entitäten wie Landschaften, architektonische Elemente sowie pflanzen- und tierähnliche Objekte. Abb. 2 zeigt eine Bildkomposition des technischen Aufbaus der Installation sowie des vom Benutzer wahrgenommen virtuellen Erlebnisses.

Der Benutzer wird im Laufe der UX dazu angeleitet, auf Erscheinung und Verhalten dieser Elemente Einfluss zu nehmen. Dies geschieht jedoch nicht, indem er die Änderungen an den entsprechenden Darstellungen selbst vornimmt, sondern anhand eines Interface, das auf einer gesonderten, kontextuell von der vordergründigen Erlebniswelt des Nutzers getrennten Darstellungsebene angezeigt wird und das den zugrunde liegenden Quellcode symbolisiert und wiedergibt. Die Interaktion geschieht mittels Gesten: Sobald der User das Schreiten auf dem Laufband unterbricht und seine Hand hebt, werden ihm spezielle Objekte, im Folgenden „Code-Items" genannt, sichtbar gemacht. Nun kann er einen entsprechenden Gegenstand einsammeln, indem er die Hand in Richtung des Objekts streckt

Abb. 2 Darstellung des technischen Aufbaus in Kombination mit dem vom Spieler wahrgenommenen Nutzererlebnis. (Quelle: Eigene Abbildung)

und eine Greifgeste ausführt. Als Resultat wird eine textliche Repräsentation des Codes vor dem Benutzer angezeigt (siehe Abb. 3). Hier können bestimmte Zahlenwerte, welche die Erscheinung der jeweiligen Bestandteile der Spielwelt definieren, verändert und ausgetauscht werden. Diese Form der Interaktion wird ermöglicht, indem klassische Interface-Elemente wie Schieberegler und „Drag and Drop"-Elemente auf eine Bedienung in der virtuellen Realität mittels Fingergesten übertragen werden.

Die Änderungen am Quelltext, der somit vom Interface repräsentiert wird, machen sich für den Spieler unmittelbar durch sichtbare Auswirkungen auf Bestandteile der Spielwelt bemerkbar.

7.3 Darstellung des Codes

Die Implementierung und Präsentation vom Quelltext wurde für „loop()" folgendermaßen aufbereitet. Der dargestellte Code enthält Anleihen von objektorientierten Programmiersprachen (kurz OOP; vgl. DATACOM Buchverlag GmbH 2013). Diese Art der Programmierung wurde gewählt, da die ihr inhärenten Prinzipien die Analogie zwischen durch Code formulierten Objekten und deren Formung von „real" abgebildeten Objekten nahelegen (vgl. Fiedler 2012).

Abb. 3 Kombinierte Darstellung der Nutzerinteraktion und des virtuellen Interface. (Quelle: Eigene Abbildung)

Ein simples Beispiel zur Veranschaulichung: In einer interaktiven Simulation bekommt ein Rezipient ein Objekt gezeigt, z. B. einen Baum. Aufgrund dessen visueller Erscheinung kann er es als physisch innerhalb der Simulation existentes Objekt benennen („Hier steht ein Baum"). Er kann auch gewisse Eigenschaften des Objektes feststellen („Der Baum ist sehr hoch"). Wurde dem Objekt ein bestimmtes Verhalten zugewiesen, erkennt der Nutzer dies und kann es ebenfalls beschreiben („Der Baum wächst"). Auf die ursprüngliche Erstellung der Simulation übertragen, ist das Vorhandensein des Objekts vom Urheber definiert worden (object tree). Dem Objekt wurden Eigenschaften (Attribute, Parameter) zugewiesen (tree.height = 9) und ein spezielles Verhalten (z. B. in Form einer Methode) definiert (tree.grow()). Ohne dass der Rezipient in diesem Beispiel Einsicht in den Quelltext der Simulation erhält oder mit deren informatischen Grundlagen vertraut ist, zeichnen sich eindeutige Parallelen zwischen dem wahrgenommenen und benannten Objekt und dessen Eigenschaften sowie der Definierung dieser Bestandteile vom Programmierer ab. Die Besonderheit der Konzeptionierung von „loop()" ist, dass eben diese Parallelen, die Verbindungsstücke zwischen wahrgenommener Simulation und der Bestandteile ihrer technischen Erzeugung, bewusst hergestellt wurden. Mit der Implementierung und Darstellung besagter Prinzipien der OOP wird das Vermögen des Rezipienten gestützt, sein Erleben der Simulation sprachlich auszudrücken und um eine zusätzlich erwerbbare Fähigkeit erweitert, sich das Vorhandensein des Ursprungs der Simulation, des Quelltextes, bewusst zu machen.

7.4   Nutzererlebnis

Auf der narrativen Ebene wird der Benutzer zu Beginn an die Spielmechanik herangeführt, indem zunächst nur einzelne Objekte moduliert werden können. Seine erste Begegnung mit dem Interaktionsmechanismus erwartet ihn kurz nach Beginn, wenn der innerhalb der Spielwelt zu beschreitende Pfad durch im Weg liegende Betonquader („Cubes") unterbrochen ist. Die Quader sind vom Spieler nicht direkt manipulierbar, sie stellen ein vordergründig unüberwindbares Hindernis dar, was beim Spieler Skepsis hervorruft (siehe oben, 6.2). Visuelle Indikatoren weisen darauf hin, die Hand zu heben und das erscheinende erste „Code-Item" einzusammeln. Das nun vor dem Spieler liegende Interface beinhaltet Attribute, die die Positionswerte eines weiteren Quaders anzeigen. Mit einer Fingergeste kann er nun den Zahlenwert buchstäblich anfassen, woraufhin sich eine vertikal angeordnete Auflistung von weiteren Zahlenwerten (Variablen) ausbreitet. Indem er auf die gewünschte Zahl innerhalb dieser vertikalen Anordnung zeigt, kann er den entsprechenden Positionswert des zugehörigen Quaders beeinflussen. Ohne dass der Spieler das Objekt direkt anfassen und bewegen kann, manipuliert diese Änderungsgeste trotzdem unmittelbar die räumliche Position des Objekts. Dadurch ist er in der Lage, das Objekt so zu verschieben, dass er die restlichen auf dem Pfad liegenden Quader aus dem Weg räumen und das Hindernis beseitigen kann. Aus diesem einleitenden Erfolgserlebnis erwächst die Erkenntnis, dass die Spielwelt Objekte beinhaltet, deren physikalische Eigenschaften sich aufgrund einer Änderung ihrer durch Code festgelegten Eigenschaften manipulieren lassen. Dieser Einführung in die Spielmechanik folgt im späteren Verlauf die Möglichkeit des Beeinflussens komplexer werdender Programmierkonzepte und Modellierungssysteme.

7.5   Szenario: Flocking

In der nächsten Szenerie und als Kontrast zur visuell eher zurückgenommenen Darstellung in der Einführung baut sich vor dem Spieler mit zunehmendem Fortschreiten eine virtuelle Landschaft auf. Bei näherer Betrachtung bemerkt er einen Schwarm von Vögeln, die ihn umfliegen. Diese Beobachtung veranlasst ihn, durch erneutes Heben der Hand nach Code-Items Ausschau zu halten. Nachdem er ein entsprechendes Item eingesammelt hat, sieht er vor sich den Quelltext, der ein sogenanntes Flocking-System (vgl. Shiffman o. J.) darstellt und somit die Simulation des Vogelschwarms beinhaltet (siehe Abb. 4). Das Interface präsentiert veränderbare Zahlenwerte für die Eigenschaften „numberOfBirds" (Anzahl der Vögel), „minVelocity" (Mindestgeschwindigkeit), „maxVelocity" (Höchstgeschwindigkeit) sowie „randomness" (Zufälligkeit). Die verbleibende textliche Darstellung des Interface gibt Aufschluss über die Ansteuerung der einzelnen Vögel über das Flocking-System. Hinsichtlich dessen Funktionsweise sind die Attribute interessant, deren Modifikation sich umgehend auf jeden einzelnen Vogel im Schwarm auswirkt. Durch Herabsetzen des Wertes für die Zufälligkeit erreichen die Vögel beispielsweise ein nahezu lineares Verhalten, das an die Bewegung von Fahrzeugkolonnen erinnert. Stellt der Spieler zusätzlich den Wert für „minVelocity" höher als den Wert für „maxVelocity", entwickeln die Vögel ein Flugverhalten mit unregelmäßig auftretenden Geschwindigkeitsschüben, das keine in der Natur aufkommende Form von Bewegung referenziert und somit die Simulation unrealistisch bzw. unwahrscheinlich erscheinen lässt. Dieses Einfügen falscher, für eine realistische Flocking-Simulation nicht vorgesehener Werte in den Quelltext kann die natürlich erscheinende Wirkung der Simulation beeinträchtigen oder komplett außer Kraft setzen.

Abb. 4 Vogelschwarm und Steuerung des L-Systems. (Quelle: Eigene Abbildung)

7.6   Szenario: Array

Das nächste Szenario präsentiert dem Spieler ein sogenanntes Array, ein Daten-feld. Ähnlich der Flocking-Simulation kommuniziert es die Tatsache, dass der Inhalt komplexer digitaler Systeme für den Datenzugriff durch eine einzige Zeile Code verändert werden kann. Im Gegensatz zur einleitenden Begegnung des Spielers mit dem ersten Code-Baustein lässt sich hier eine Vielzahl von Cubes, die räumlich in Reihen und Spalten angeordnet sind, durch die Änderung nur weniger Eigenschaften wie z. B. deren Position modifizieren (siehe Abb. 5). Der Spieler wird näher an die Spielmechanik herangeführt, indem die Möglich-keit der Einflussnahme auf die Simulation um das Hinzufügen einiger Parameter erweitert wurde. Prinzipien des generativen Ansatzes werden dadurch offenbart, dass eine einzelne Variable sich nicht auf alle Referenzobjekte gleichermaßen auswirkt, sondern abhängig von den Eigenschaften, die ihnen zugewiesen wur-den, bei jedem Einzelobjekt unterschiedlich ausfällt. Im Array-Szenario kann der Spieler durch Bedienung des Interface und das Austauschen von Parametern über ein Baukastenprinzip die Positionen sämtlicher Quader auf der z-Achse abhängig von deren Positionen auf der x- und y-Achse machen. Durch die Kopplung an eine Sinus-Funktion kann er wellenförmige Bewegungen bei den Referenzobjek-ten erzielen. Ein Großteil der Test-Spieler erkannte in der so von ihnen erzielten

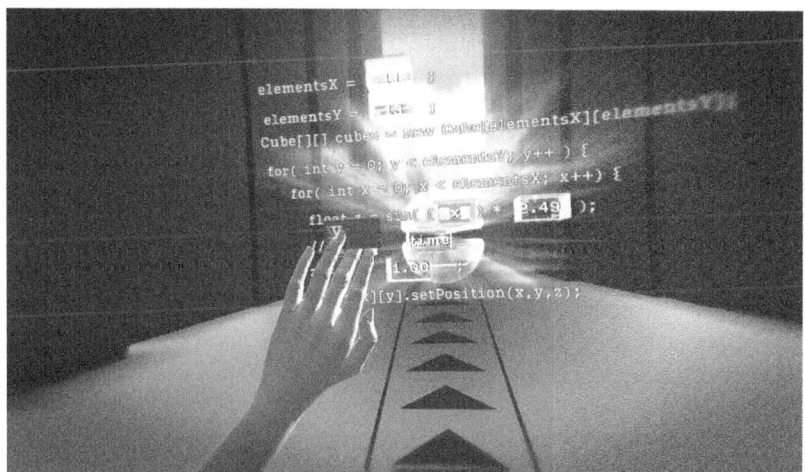

Abb. 5 Visualisierung des Array durch virtuelle Betonquader und Gesten-Interaktion. (Quelle: Eigene Abbildung)

Simulation die natürliche Erscheinung und das Bewegungsverhalten von Wasser wieder. Wie im vorigen Szenario ist auch hier die Möglichkeit der Manipulation und der kompletten Außerkraftsetzung gegeben.

Mit dem Fortschreiten des Spielers innerhalb des Erlebnisses wächst die Zahl der Modulierungsvarianten dadurch, dass mehr veränderbare Bestandteile der Spielwelt und Items mit Interaktionsmöglichkeiten erscheinen. Vor allem aber lernt der Spieler im Laufe des Spiels, mit dem Interface umzugehen und sich die veränderbaren Parameter zu Eigen zu machen. Das infolge des Spielerlebnisses erworbene Regelbewusstsein soll ein Grundverständnis für die Semantik von Programmiersprachen und den Einsatz von Zahlen und mathematischen Methoden herstellen. Ziel ist es nicht, Rezipienten mit sofortiger Wirkung eigenmächtiges Programmieren beizubringen; vielmehr soll eine Sensibilität für die Techniken hervorgerufen werden, die das Kreieren virtueller Erfahrungsräume ermöglichen, deren Wahrnehmung jedoch zeitweise auch ins Wanken bringen können. Die Entstehung dieser Sensibilität wird bei Spielern gegen Ende des Erlebnisses in besonderem Maße auf die Probe gestellt, wie nachfolgend aufgeführt wird.

7.7   Szenario: L-System

Der letzte Abschnitt der Anwendung ermöglicht das Verändern und Modifizieren des Wachstums generativer Pflanzenmodelle (siehe Abb. 6). Das der Modellierung zugrunde liegende „L-System" wurde ursprünglich dafür entwickelt, das Wachstum mehrzelliger Organismen zu simulieren (vgl. Prusinkiewicz und Lindenmayer 1990: 2 f.). Daraus entwickelte sich die Möglichkeit, auch komplexe organische Formen zu modellieren. Die Simplizität von L-Systemen, die auf einfachen algorithmischen Regeln basieren und mithilfe von Repetition sowie Iterationsschleifen jedoch komplexe Gebilde entstehen lassen, versinnbildlicht das Verwenden von Regelsätzen auf spielerischer wie auf informatischer Ebene und legt ein weiteres Mal die Prinzipien generativer Gestaltung offen.

Beim Interface kam für die Ansteuerung des L-Systems eine grundsätzlich andere Darstellung von Programmiersprachen zum Einsatz als eine OOP referenzierende. Im Rahmen eines gesteigerten Schwierigkeitsgrades und in Kontrast zu sämtlichen Konventionen der textlichen Repräsentierung von Programmiersprachen soll hier das Abstraktionsvermögen des Benutzers mit Blick auf das dargestellte Regelsystem geprüft werden. Das zu manipulierende Regelsystem und dessen Eigenschaften offenbaren sich in einer vordergründig willkürlich erschei-

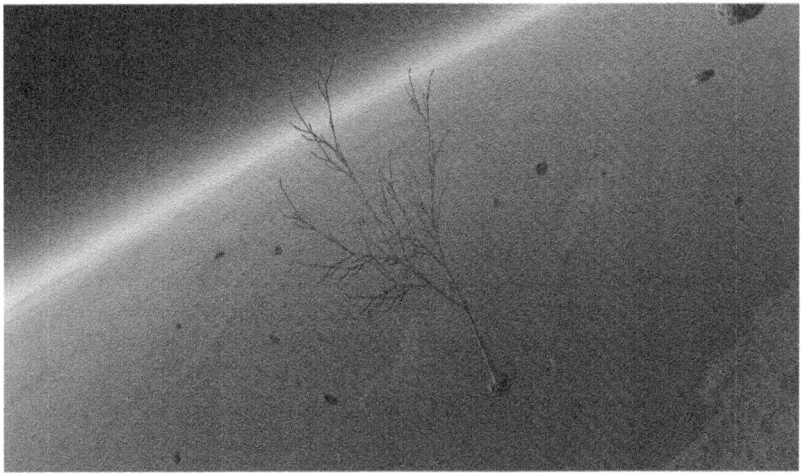

Abb. 6 Virtuelle Darstellung eines Baums, der vom Nutzer durch Ansteuerung des L-Systems generiert wurde. (Quelle: Eigene Abbildung)

nenden Semantik. Die visuelle Darstellung einer weltraumartigen Szenerie in Kombination mit der Möglichkeit des Erstellens fremdartiger Lebensformen unterstützt zusätzlich das Aufkommen einer ungewohnten Atmosphäre.

Nachdem die textliche Darstellung von Code über die vorigen Abschnitte hinweg uniform gehalten war, hat der User es nun mit einer Erschütterung seines bereits entwickelten Regelbewusstseins zu tun. Schafft er es, durch Manipulieren der Parameter dennoch die gewünschte Modifikation des L-Systems zu erreichen, kräftigt dies seine Erkenntnis hinsichtlich der Übersetzbarkeit von Programmiersprachen.

7.8　Gestaltung des Interface und Namensgebung

Das Zeigen des Quelltextes innerhalb des Spieles soll auf das Spannungsverhältnis zwischen diegetischen und non-diegetischen Elementen in Videospiel-Interfaces hinweisen (siehe oben, 4.2). Code ist an und für sich ein non-diegetischer Bestandteil des Mediums; er wird jedoch in dieser Anwendung aufgrund seines direkten Bezugs zur Spielwelt in Form von Modulierbarkeit zum unmittelbaren Bestandteil der Diegese. Das Modulieren von Objekten, die Bezug zur Realität nehmen, versinnbildlicht außerdem, wie einfach simulierende Medien unsere Vorstellung von Realismus auf den Kopf stellen können: Die Einflussnahme durch Code ermöglicht das Verändern natürlicher Erscheinungen und letztlich das Aufheben von Naturgesetzen. Dies erschüttert das mittlerweile als selbstverständlich wahrgenommene Bezugsverhältnis zwischen Lebenswelten und deren kybernetisch konstruierten Repräsentationen und Modellierungen (siehe oben, 3.2).

Die womöglich wichtigste Stellschraube bei der Konzeption des *User-Interface* war die Festlegung des Grads an Einflussnahme durch den Nutzer. Vorangegangene Experimente hierzu deckten diverse Möglichkeiten ab: von der Benutzung vordefinierter Code-„Waffen", die sich wie in einem First-Person-Shooter auf die Spielwelt anwenden lassen, bis hin zur völligen Modulierbarkeit von Quellcode mittels eigener textlicher Eingaben durch den Nutzer mit der Tastatur. Letztendlich wurde der Mittelweg gewählt, der ein einfach zu lernendes Interface mit einer überschaubaren Komplexität implementiert, aber dennoch eine Vielzahl an Möglichkeiten bietet, auf die Spielwelt Einfluss zu nehmen und somit eine abwechslungsreiche *User-Experience* zu gewährleisten.

Der Titel „loop()" wurde in Anlehnung an die – in der ersten Version der Programmierumgebung Processing implementierte – Loop-Funktion gewählt. Diese Funktion, in anderen Programmierumgebungen auch Update oder Draw-Funktion genannt, wird mehrmals in der Sekunde aufgerufen, um die Inhalte des Programms zu aktualisieren. Ein Durchgang repräsentiert einen Frame im zeitlichen Verlauf. Ist der Durchgang der Funktion beendet, wird sie erneut aufgerufen, wodurch eine Dauerschleife entsteht. Vereinfacht ausgedrückt, implementiert die Loop-Funktion alle animierten Inhalte des Programms und lässt in zeitbasierten Medien den Eindruck von Bewegung entstehen. Zeitliche Abläufe und Bewegung sind in simulierenden Medien ausschlaggebend für das Entstehen von Immersion. Die runden Klammern im Namen entsprechen einerseits dem Aufbau des Methodenkopfes und weisen auf die Stelle hin, an der die an die Funktion zu übergebenden Parameter festgelegt werden. Andererseits deuten sie optisch einen Kreislauf durch zwei Linien an.

Der Titel „loop()" referenziert außerdem die mechanische Beschaffenheit des Laufbands als Interface-Element, dessen Band ebenfalls eine Endlosschleife darstellt. An dieser Stelle wird die Idee aufgegriffen, beim Abschreiten einer linearen Strecke – symbolisiert durch das Laufband – non-lineare Erlebnisse entstehen zu lassen. Letztlich schlägt der Titel eine Brücke zu dem im vorigen Kapitel vorgestellten Framework, das den Kreislauf zur Manifestierung des Regelbewusstseins beinhaltet.

7.9   Beobachtungen

Viele Teilnehmer der Testläufe bekundeten ihr Erstaunen über die Möglichkeit der Einflussnahme auf die Simulation durch den Einsatz weniger Handgriffe. Umso mehr ließ sich eine unterbewusste Transformation von der körperlichen Tätigkeit durch den Einsatz von Handgesten hin zu einer geistigen Auseinandersetzung mit der Modifikation von Simulationen und Code erkennen. Außerdem war zu beobachten, dass die Anwesenheit von Teilnehmern, die mit der Erfahrung bereits vertraut sind, das Zustandekommen eines Dialogs ermöglicht. Dem Benutzer können mündlich Hilfestellungen hinsichtlich bekannter oder von anderen bereits erlernter Aspekte, wie Spielmechanik und Interaktionsprinzipien, gegeben werden. Zusätzlich kann sich gleichsam automatisch ein Abgleich zwischen Teilnehmern der Simulation und deren eigenen „mitgebrachten" Realitäten vollziehen (siehe oben, 6.1), der die Manifestierung expliziten Wissens über die zu vermittelnde Thematik, z. B. die Programmierung virtueller Welten, ermöglicht. Im Optimalfall führt die Erfahrung von „loop()" dazu, dass Benutzer auch im Umgang mit anderen digitalen Medien deren Schaffensprozess ergründen und sich in einer kritischen Auseinandersetzung die Limitierungen sowie den Wahrheits- und Wirklichkeitsgehalt von Medientechnologie bewusst machen.

8 Fazit

Die vorangegangenen Untersuchungen zu den Charakteristika des Spielbegriffs und zur Verbindung zwischen Videospielen und Simulationen erbrachten Erkenntnisse hinsichtlich der Gestaltung digitaler Medien. Wenn sich interaktive Produkte und insbesondere Spiele zukünftig weiterhin als die gängigsten Unterhaltungsmedien etablieren, muss über das Beschreiten neuer Wege bei der Wissensvermittlung nachgedacht werden, die den Bedürfnissen und Konsumgewohnheiten der heranwachsenden Generation gerecht werden. Gleichzeitig sollten die Konsequenzen bedacht werden: Non-lineare Medien fördern zukünftig womöglich eine andere Art von Aufmerksamkeit als lineare Medien. Diese bei Nutzern zu beobachtende Transformation lässt sich vielleicht einkalkulieren, indem virtuelle Erlebnisräume gestaltet werden, die über eine gewisse Dauer interessant bleiben und eine tiefgehende Auseinandersetzung fördern. In der praktischen Anwendung zeigte sich, dass das Heranziehen der Charakteristika von Videospielen bei der Gestaltung digitaler Medien zur Informationsvermittlung unterstützend sein kann.

Literatur

Ameling, Michael und Herzig, Philipp (2012): Motivationsschub, in: iX Magazin für professionelle Informationstechnik, 9, 104–109.

Bogner, Christian et al. (2010): Fachschriften der German UPA, Band I – The Usability / UX Profession.

Brecht, Bertolt (1967): Gesammelte Werke in 20 Bänden – Band 15, Frankfurt am Main: Suhrkamp.

Buse, Uwe, Schröter, Friederike und Stock, Jonathan (2014): Warum digitale Spiele soziale Beziehungen stärken und Menschen glücklicher machen, in: Der Spiegel, 3, 13, 60–67.

DATACOM Buchverlag GmbH (2013): Objektorientierte Programmierung, http://www.itwissen.info/Objektorientierte-Programmierung-object-oriented-programming-OOP.html (Zugriff am 10.3.2017).

Deterding, Sebastian et al. (2011): Gamification: Toward a definition. CHI 2011 Gamification Workshop, 4.

Devine, Graeme (2017): Into the Future – D.I.C.E. Summit 2017, https://youtu.be/4SNdrEGSVUY?t=5999 (Zugriff am 24.5.2017).

Drew, William (2014): Welcome to the Black Box - What theater can teach us about Presence, in: Kill Screen, 1, 8, 56–59.

Feige, Daniel Martin (2015): Computerspiele – Eine Ästhetik, Berlin: Suhrkamp.

Fiedler, Steffen (2012): Objekt-Orientierte Programmierung, Revision #2, http://www.creativecoding.org/lesson/basics/processing/objekte (Zugriff am 10.3.2017).

Flusser, Vilém (2007): Kommunikologie. 4. Auflage, Frankfurt am Main: Fischer.

Galloway, Alexander R. (2012): Gaming: Essays on Algorithmic Culture. Choice Current Reviews for Academic Libraries, Band 18. Minneapolis: University of Minnesota Press.

Huizinga, Johan (2013): Homo Ludens – Vom Ursprung der Kultur im Spiel. 23. Auflage, Reinbek bei Hamburg: Rowohlt.

Khazaeli, Cyrus Dominik (2005): Systemisches Design – Intelligente Oberflächen für Information und Interaktion, Reinbek bei Hamburg: Rowohlt.

Larsen, Jimmy Marcus (2008): Playful Interaction, Aalborg: Aalborg University.

Leap Motion Inc. (2017): Leap Motion | Mac & PC Motion Controller for Games, Design and More. https://www.leapmotion.com (Zugriff am 21.6.2017).

m.A. (2017): Cheating in video games. Wikipedia, https://en.wikipedia.org/wiki/Cheating_in_video_games#Cheat_codes (Zugriff am 21.6.2017).

Milgram, Paul und Kishino, Fumio (1994): A taxonomy of mixed reality visual displays, http://etclab.mie.utoronto.ca/people/paul_dir/IEICE94/ieice.html (Zugriff am 08.06.2017).

Norman, Don und Nielsen, Jakob (o. J.): The Definition of User Experience, https://www.nngroup.com/articles/definition-user-experience/ (Zugriff am 10.02.2017).

Nylund, Adam und Landfors, Oskar (2015): Frustration and its effect on immersion in games – A developer viewpoint on the good and bad aspects of frustration, Umeå University.

Oculus VR (2012): Oculus Rift: Step Into the Game – Kickstarter, https://www.kickstarter.com/projects/1523379957/oculus-rift-step-into-the-game (Zugriff am 21.06.2017).

Oerter, Rolf (2007): Zur Psychologie des Spiels, in: Psychologie und Gesellschaftskritik, 31, 2007-4, 7–32.

Ohmgane3sha (2011): Ohm's 16-bit Minecraft Computer, https://www.youtube.com/watch?v=KzrFzkb3A4o (Zugriff am 21.06.2017).

Polanyi, Michael (1966): The Tacit Dimension, Garden City, New York: Doubleday & Company.

Prevelakis, Vassilis und Spinellis, Diomidis (2001): Sandboxing Applications, in: Proceedings of the USENIX Technical Annual Conference, Freenix Trac, 119–126.

Prusinkiewicz, Przemyslaw & Lindenmayer, Aristid (1990): The Algorithmic Beauty of Plants, New York: Springer.

Przybylski, Andrew, Rigby, Scott und Ryan, Richard (2010): A motivational model of video game engagement, in: Review of General Psychology, 14, 2, 154–166.

Pulkka, Aaron (2016): Spatial Awareness- Tango and HoloLens for AR experiences, https://www.youtube.com/watch?v=mxWe5NKQwsg (Zugriff am 17.06.2017).

Sachser, Norbert (2004): Neugier, Spiel und Lernen: Verhaltensbiologische Anmerkungen zur Kindheit, in: Zeitschrift für Pädagogik, 50, 475–486.

Schröter, Jens (2004): Das Netz und die virtuelle Realität – Zur Selbstprogrammierung der Gesellschaft durch die universelle Maschine, Bielefeld: transcript.

Shiffman, Daniel (o. J.): Flocking \ Examples \ Processing.org, https://processing.org/examples/flocking.html (Zugriff am 21.06.2017).

Spitzer, Manfred (2006): Nervenkitzel – Neue Geschichten vom Gehirn, Frankfurt am Main: Suhrkamp.

TV Tropes (o. J.): Leaning on the Fourth Wall, http://tvtropes.org/pmwiki/pmwiki.php/Main/LeaningOnTheFourthWall (Zugriff am 21.6.2017).

World Wide Web Consortium (o. J.): About W3C, http://www.w3.org/Consortium/ (Zugriff am 21.06.2017).

Zichermann, Gabe (2011): Vortrag TEDxKids@Brussels: Gamification, http://www.youtube.com/watch?v=O2N-5maKZ9Q (Zugriff am 3.5.2017).

Videospielverzeichnis

Electronic Arts (1988): F/A-18 Interceptor.
Hello Games (2016): No Man's Sky.
id Software & Activision (2004): Doom 3.
MicroProse & Meier, Sid (1991): Civilization.
Niantic (2016): Pokémon Go.
Persson, Markus, Mojang & Microsoft Studios (2011): Minecraft.

Soziologie und Design – für ein transdisziplinäres Forschungsprogramm

York Kautt

Der Mensch scheint zum Design verdammt. Schon weil sein Körper ihm nicht das Überleben in einer bestimmten ökologischen Nische sichert, muss er sich unter Zuhilfenahme selbst entworfener, künstlicher Dinge in seiner Umwelt behaupten. Kleidung, Werkzeuge, Behausungen und viele Dinge mehr gehören zu den entworfenen Dingen, die nicht nur auf das instinktarme „Mängelwesen" (Gehlen), sondern zugleich auf den kreativen Designer verweisen, der sich die Welt für seine Bedürfnisse zurichtet. Des Menschen überschießender Geist, seine „Weltoffenheit" (Scheler/Gehlen) und innere Unruhe – man erinnere Nietzsches Formulierung vom Menschen als „noch nicht festgestelltes Tier" – kommen ihm da sehr zupass, erfordert doch der Wandel seiner Umwelt, der selbst maßgeblich Resultat von Gestaltungprozessen ist, stetig neue Kreationen. Es ist daher mitunter gesagt worden, dass Design im weiten Sinne von Gestalten und Entwerfen so etwas wie eine kulturelle Urhandlung darstellt, die mit anthropologischen Konstanten zusammenhängt.[1] Doch ist Design nicht nur eine kulturgeschichtlich

---

[1]Implizit z. B. bei Gehlen 1950. Das gilt zumindest solange, wie das Design des biologischen Substrats des Menschen (sein Körper) die Angewiesenheit auf das Entworfene nicht aufhebt. Dabei ist derzeit unschwer erkennbar, dass das faktisch sich ereignende Design des „Menschenparks" (Sloterdijk 1999) nicht in eine abnehmende, sondern in eine verstärkte Technikabhängigkeit des Menschen führt – Neuroenhancement, Self-Tracking-Technologien oder die Reproduktionsmedizin geben hierfür Beispiele.

Y. Kautt (✉)
Gießen, Deutschland
E-Mail: York.Kautt@sowi.uni-giessen.de

© Springer Fachmedien Wiesbaden GmbH, ein Teil von Springer Nature 2018   117
C. Bauer et al. (Hrsg.), *Gestaltung digitaler und politischer Wirklichkeiten*, Würzburger Beiträge zur Designforschung,
https://doi.org/10.1007/978-3-658-21736-5_4

kontinuierende Aktivität des Menschen, sondern längst auch ein professionalisiertes Handlungsfeld innerhalb der Gesellschaft. Diese Tatsache indizieren nicht nur spezialisierte Berufsgruppen, sondern z. B. auch die verschiedenen Design-Studiengänge, die das Bildungssystem in unterschiedlichen Weltregionen offeriert.

Damit ist die soziologisch interessante wie relevante Frage aufgeworfen, welche gesellschaftlichen Gründe es sind, die eben diese Entwicklung hin zum professionell betriebenen Design provozieren. Ich werde in einem ersten Schritt hierzu einige Überlegungen anstellen (1), bevor ich mich der Frage zuwende, inwiefern das Design verschiedenster Artefakte (Bilder, Filme, Architektur, Konsumprodukte u. v. m.) *soziale* Dimensionen aufweist und wie sich die Beziehungen zwischen Sozialität und Design theoretisch modellieren lassen (2). Denn eben hierin, in der Reflexion der Sozialdimensionen des Designs, besteht das besondere Potenzial der Soziologie, ihr spezifischer Beitrag für eine Wissenschaft des Designs. Dabei unterscheidet sich die Soziologie als eine beschreibende und verstehende Wissenschaft ihrem Selbstverständnis zufolge deutlich von den Designwissenschaften, insofern und insoweit letztere weniger auf die analytische, gesellschaftsbezogene Rekonstruktion des Bestehenden zielen, sondern sich auch und gerade mit der Praxis des Designs und dessen Optimierung beschäftigen – z. B. entlang der Reflexion auf Kriterien ‚guten' Designs. Gleichwohl bin ich der Meinung, dass soziologische Perspektiven auch für die Theorie und die Praxis des Designs informativ und bedeutsam sein können. Dementsprechend endet der Text mit einigen Überlegungen zur Praxis ‚guten' Designs (3).

1   Wozu Design?

1.1   Komplexität der Gesellschaft

Fragt man nach Gründen für die Entwicklung des professionellen Designs, liegt eine erste Antwort im Hinweis auf die Komplexitätssteigerung der Gesellschaft im Zuge langfristiger Prozesse. Die funktionale Differenzierung und soziokulturelle Evolution der Gesellschaft bringt neben der Separierung gesellschaftlicher Teilbereiche (Wirtschaft, Politik, Bildung, Kunst, Massenmedien, Wissenschaft u. a.) Phänomene wie die Industrialisierung und die Massenproduktion, neue Werkstoffe (Beton, Plastik u. v. m.) und diverse Kommunikationsmedien (Schrift/Typografie, Fotografie, Film, TV, Computer u. a.) hervor. So entstehen in ganz unterschiedlichen Themenzusammenhängen und Gesellschaftsbereichen mannigfaltige Problembezüge in der Gestaltung des Dinglichen, die nicht mehr im Alltag von Laien gleichsam nebenbei bewältigt werden können. In einer hochkomplexen

Gesellschaft wird Design zu einer funktional spezifizierten Profession mit dazugehörigen Organisationen und Institutionen.

Diesem Bedarf entsprechend nehmen seit Ende des 19. Jahrhunderts das professionalisierte Design ebenso wie die dazugehörigen Designtheorien Fahrt auf.[2] Die öffentlich geführten Debatten zum Sinn und Zweck professionalisierten Gestaltens – man denke an die aus den Reihen der Arts-and-Crafts-Bewegung heraus vorgetragene Kritik der industriellen Produktionsweise, an den „Werkbundstreit" und die Kontroversen um das „Ornament" sowie an das „Bauhaus" und die „Neue Typografie" – deuten auf diese neue Ausgangslage des Designs hin.

1.2   Individualisierung und Geschmack

Neben und mit dem allgemeinen Komplexitätszuwachs steht die soziale Funktion von Design in der modernen Gesellschaft spätestens seit dem auslaufenden 19. Jahrhundert mit der Herstellung individueller und kollektiver Identitäten in enger Beziehung. Denn in der modernen (Welt-)Gesellschaft leben Menschen in polykontexturalen Wirklichkeiten, die nur noch bedingt durch familiale Herkunft und Schichtzugehörigkeit definiert werden. Weil es keine Klasse, keine von allen anerkannte „gute Gesellschaft" und keine persönlichen Repräsentanten von Klasse mehr gibt, die in Sachen Geschmack verbindlich als Vorbild fungieren, so Elias bereits in „Kitschstil und Kitschzeitalter" (1935), herrsche nunmehr „Formunsicherheit" bzw. „Geschmacksunsicherheit" (Elias 2003: 6). Und weil die Gliederung der Gesellschaft durch Schichten als maßgebliches Ordnungsprinzip des Ästhetischen ausfällt, wird professionell generiertes Design (Mode, Werbung, Architektur, Produktdesign) zu einem dauerhaften Medium der Erzeugung und Verhandlung von Geschmacksfragen und den dazugehörigen Fragen sozialer Platzierung. Bedenkt man weiterhin, dass Individuen in den hochkomplexen Verhältnissen der Gegenwart nur noch bedingt über die Sozialisationsinstanz Familie in die Gesellschaft enkulturalisiert werden können, kommt ein weiteres Argument für die Notwendigkeit von Design hinzu. So spielt Design und Ästhetik gerade auch im Segment von Jugend(sub)kulturen eine wichtige Rolle: im Sinne eines

---

[2]Zu einem historischen Überblick vgl. z. B. Mareis (2011) und Schweppenhäuser (2016: 1–6).

Handlungsfeldes, in dem Adoleszierende Identitätsentwürfe erproben können und müssen.[3]

Wenngleich individuelle Identitäten und deren biografische Verlaufsformen immer noch durch Schicht- und Milieuzugehörigkeiten geprägt werden (vgl. Bourdieu 1982), sind Menschen nunmehr für die Konstruktion ihrer Identität sowie für die Teilhabe an Gemeinschaften selbst verantwortlich. Das moderne Individuum ist zur stetigen Selbstsorge und zum Selbstmanagement aufgerufen – soziologische Begriffe wie „partizipative Identität" (Hahn 1997), „unternehmerisches Selbst" (Bröckling 2007), „Kreativsubjekt" (Reckwitz 2012) oder „Bastelexistenz" (Hitzler & Honer 1994) fokussieren diesen Problemhorizont, der alle Lebensbereiche tangiert: von der Arbeit am Körper und körperbezogenen Selbstdarstellungsformen (Ernährung, Sport, Mode u. a.), über das Wohnen und das Berufsleben bis hin zur Freizeitgestaltung. Insofern und insoweit die uns umgebenden Dinge und deren konkretes Design als Ausdruck des Selbst interpretiert werden, steht Design in Beziehung zur Arbeit an der je eigenen Identität sowie zur der Herstellung von Gemeinschaft, zu der nicht zuletzt ein materiell performierter Lebensstil gehört. So gesehen ist es verständlich, dass Identität schon lange eine erfolgreiche Offerte der Kulturindustrie ist, die sich demnach auch als Anpassungsprozess an die prekären Identitätsverhältnisse moderner Subjekte begreifen lässt.

1.3   Medienentwicklungen

In Bezug auf Technikentwicklungen sind die Kommunikationsmedien eine besondere Erwähnung wert, da sie maßgeblich auf den soziokulturellen Wandel Einfluss nehmen. So führen Medien vom Buchdruck über die technischen Bildmedien (Fotografie/Film) bis hin zu den computerisierten Medien (Smartphone, Internet u. a.) zu einer Pluralisierung von Wissensbeständen und Realitätskonzepten in den verschiedensten Gesellschaftsbereichen, auf die sich ein zunehmend differenziertes Kommunikations(medien)design einstellen muss.

Ein besonderer Grund für das Wichtigerwerden von Design ergibt sich aus der allgemeinen Relevanzsteigerung gestalteter Sichtbarkeiten, die aus der Entwicklung technischer Bildmedien hervorgeht. Begriffe wie „Visual Turn" oder

---

[3]Zu dieser These der historischen Entstehung von Jugendkulturen im 20. Jahrhundert vgl. grundlegend Tenbruck (1965).

„Visual Culture" stehen für diese Diagnose. Sie fungieren als zeitdiagnostische Formeln, mit denen zum Ausdruck gebracht wird, dass visuelle Kommunikationen nunmehr gesamtgesellschaftlich eine zentrale Rolle spielen und eben hierin eine Besonderheit der Gegenwartsgesellschaft zu sehen ist.[4] Technische Bilder (Fotografie, Film, TV, computerisierte Medien) lassen mit ihrer Reproduzierbarkeit in ganz verschiedenen Themenfeldern in einem völlig neuen Ausmaß einen Raum öffentlicher Bilder entstehen, in dem Produktion und Rezeption weitgehend entkoppelt und aus einem die Kommunikationsteilnehmer integrierenden Interaktionsgeschehen herausgenommen sind. Entfaltet werden Bildwelten, die zwar in einem gewissen Umfang an schriftbasierte Kommentierungen gebunden bleiben, aber dennoch in erster Linie als visuelle Darstellung unter hochgradig anonymisierten Kommunikationsverhältnissen rezipiert werden. Bilder müssen hier unter Bedingungen überzeugen, in denen die Verbindlichkeit der Kommunikation – verglichen mit sozialen Situationen – erheblich abnimmt. Indem die Anwesenheit eines Absenders in der Rezeptionssituation nicht gegeben ist, können visuelle Kommunikationen von dem allgemeinen Konformitätsdruck sozialer Situationen nicht profitieren. Eine Konsequenz dieser Entwicklung besteht darin, dass die verschiedensten Absender *über die visuellen Kommunikationen selbst* deutlich machen müssen, welche Eigenschaften dem jeweils Gezeigten zukommen sollen. Die Entwicklung spezifischer Bildsprachen (des Journalismus, der Unterhaltung oder der Werbung) stehen zu diesem Problem in Beziehung. Aber auch der beständige Kampf um Aufmerksamkeit hängt strukturell mit den technischen Bildmedien und den durch sie ermöglichten Öffentlichkeiten zusammen.

1.4   Zugänglichkeit, Markt, Konkurrenz

Nicht zuletzt ergeben sich die Relevanz von Design und dessen thematische Differenzierung mit der Zugänglichkeit von Dingen und (Bild-)Medien für weite Bevölkerungskreise. Sowohl die finanziellen als auch die (gestaltungs-)technischen Beteiligungsvoraussetzungen werden mit der Industrialisierung und der Entwicklung neuer Medien (von der Fotografie bis zum Computer) niederschwelliger und ermöglichen die Teilhabe vieler an unterschiedlichsten Angeboten des Designs. Von großer Bedeutung ist weiterhin, dass gestaltete Dinge auf *Märkten*

---

[4]Zu einem Überblick über den „Visual Turn" vgl. z. B. Bachmann-Medick (2006), Dikovitskaya (2006) und Prinz/Reckwitz (2012).

gehandelt werden.[5] Denn das bedeutet, dass sich die erzeugten Designs unter *Konkurrenzbedingungen* behaupten müssen, in denen die Publika entscheidende Autoritäten darstellen. Die Produktion muss sich notwendigerweise an den Interessen derer ausrichten, die etwa Konsumprodukte, Bilder oder Filme abnehmen und dadurch (wie indirekt auch immer) die Hersteller finanzieren. Schon im 19. Jahrhundert zeigt sich daher eine Differenzierung symbolischer Ordnungen, die einer neuartigen Dynamik von Angebot und Nachfrage und einem neuartigen Innovationsdruck unterliegt.[6]

Mit dieser skizzenhaften, durchaus erweiterbaren Auflistung gesellschaftlicher Hintergründe der Entstehung des professionalisierten Designs deutet sich bereits an, dass Gestaltung auf mannigfaltige soziale und kulturelle Anforderungslagen eingestellt ist. Dass und inwiefern die Beziehung von Sozialität und Design auch konkreten Einzelfällen immanent ist und welche Schlussfolgerungen sich hieraus für eine Soziologie des Designs ergeben, reflektiert der folgende Abschnitt.

2 Design als Anpassung von Artefakten an soziale Umgebungen

Ich möchte das Beziehungsgefüge von Design und Sozialität zunächst am Beispiel der Uhr verdeutlichen. Uhren sind geeignete Objekte, weil sie in ihrer Komplexität über einzelne Zeichenvehikel hinausgehen, in ihrer Überschaubarkeit aber zugleich verständlich machen, dass die hier fokussierte Beziehung nicht nur hochkomplexe Gebilde (wie z. B. diejenigen des Films) betrifft. Wie wir wissen, sind Uhren Apparate mit der Funktion der Zeitmessung. Ihre sichtbare Gestalt ist daher Resultat der Bemühungen, eben diese Leistung auf dem Wege technischer Vorrichtungen zu bewerkstelligen. Sonnenuhren, Schiffsuhren, mechanische Uhren oder computerisierte Uhren setzen die Funktion der Zeitmessung in unterschiedlichen Techniken um und unterscheiden sich dementsprechend in ihrer Gestalt.

Der Blick auf die konkreten Artefakte gibt jedoch schnell zu erkennen, dass die Formen nicht nur auf technische, sondern auch auf soziale Bedarfslagen eingestellt sind. Abgesehen davon, dass die Entwicklung der Zeitmessung selbst

---

[5]Das setzt freilich politische Systeme voraus, die den Zugang zu verschiedensten Dingen nicht oder nur wenig einschränken und damit dem Prinzip der Vermarktlichung aussetzen.

[6]Vgl. in Bezug auf die Vergesellschaftung der Fotografie Kautt (2008: 59–96).

gesellschaftlichen Anforderungen entspringt, weisen die einzelnen Gestaltungs-formen von Uhren soziale Bezüge auf. Armbanduhren verdeutlichen dies präg-nant: Ihr Design ist auf Konstruktionen von Gender (Weiblichkeit/Männlichkeit) ebenso eingestellt wie auf solche des Alters (z. B. kindliche Verspieltheit, jugend-liche Sportlichkeit, Seriösität des Alters), des milieubezogenen und subkulturel-len Geschmacks, der Mode oder wechselnder Kontexte, z. B. zwischen Beruf und Freizeit. Die Auswahl von Materialien, Farben und Formen sowie die Relatio-nierung der Gestaltungselemente indizieren dementsprechend zahlreiche soziale Informationen. Aber auch andere Dimensionen des Uhrendesigns folgen sozialen Funktionen. Man denke z. B. an die hervorgehobene Größe von Uhren an Kirch-türmen oder Rathäusern als Insignien von Macht und Kontrolle oder an Designs, die die Computerisierung der Technik verschleiern, um die jeweiligen Artefakte als Manifestationen eines guten alten, vordigitalen Zeitalters erscheinen zu las-sen. Noch facettenreicher wird die Einbindung der Uhrengestaltung in soziale Gefüge, wenn man die intertextuellen Effekte zwischen Uhren und Bildern bzw. Filmen von Uhren berücksichtigt. So entwirft die Werbung Images, in deren Rah-men die sozialen Objekt-Attribuierungen (Gender, Status u. a.) in komplexere visuelle Semantiken eingearbeitet werden, sodass sich wechselseitige Verwei-sungsbezüge der visuellen Kommunikationen (Objektdesign/Werbe-Image) erge-ben (vgl. Kautt 2008: 218 f.).

Beispiele wie diese – und Vergleichbares lässt sich für ein Gutteil unserer gestalteten Umwelt sagen – verdeutlichen, dass sich ein Modell, das die sozialen Dimensionen des Gestalteten perspektivieren will, auf die Komplexität von Arte-fakten einlassen muss.

Eine für diesen Bedarf fruchtbar zu machende Theorie stellt Herbert Simons „Sciences of the Artificial" (1969/1994) dar. Obwohl die Wissenschaften vom Künstlichen als Pionierleistung einer Allgemeinen Designtheorie gelten können, haben sie sich trotz gelegentlicher Rezeption (vgl. Mareis 2011: 138 ff.) weder zu einer fachwissenschaftlichen Disziplin entwickelt, noch sind sie in den designori-entierten Wissenschaften und universitären Lehrfächern etabliert. Ein Grund für die bislang ausbleibende Resonanz in der Soziologie dürfte die Ausrichtung von Simons Konzept an ingenieurswissenschaftlichen Fragestellungen und Anwen-dungsbezügen sein, die sich von einer auf Beschreibung und Verstehen ausgerich-teten Wissenschaft wie der Soziologie deutlich unterscheiden.[7]

---

[7]Da sich Simon Fragen der Rationalisierbarkeit technischer Verfahren, nicht aber sol-chen der ästhetischen Anpassung von Objekten an Umgebungen zuwendet, überrascht die schwache Rezeption seines Werks auch in den Designwissenschaften kaum.

Nichtsdestoweniger bieten Simons Überlegungen einen hervorragenden Ausgangspunkt für eine Soziologie, die die Aufklärung visueller Gestaltungen in ihren unterschiedlichen Sozialbezügen zu ihrem Ziel erklärt. Indem nämlich Simon die evolutionstheoretische Erklärung von (biologischen) Formen als Anpassungsphänomene an Umgebungen in die Sphäre des Künstlichen überträgt, öffnet er den Blick für den gesamten Horizont von Bedingungen, die potenziell auf die Gestaltung von Artefakten einwirken.[8]

Artefakte, verstanden als das vom Menschen Gemachte, sind in ihren konkreten Eigenschaften als relative Anpassungen an Umgebungen aufzufassen. Simon geht davon aus, dass die Sphäre des Künstlichen eine „Schnittstelle" ist, ein „Punkt der Begegnung zwischen […] einer ‚inneren' Umgebung, der Substanz und inneren Gliederung des Artefakts selbst, und einer ‚äußeren' Umgebung, der Umwelt, in der es operiert" (Simon 1994: 6). Da Artefakte über ihre spezifischen Eigenschaften eine „innere Umgebung" ausbilden, die eine Grenze zu einer „äußeren Umgebung" zieht, bezeichnet Simon Artefakte gelegentlich als „Systeme" (Simon 1994: 14 f.).

Da die Unterscheidung von innerer und äußerer Umgebung im Kontext der Soziologie Assoziationen zur Luhmann'schen Systemtheorie wachruft, ist hier zu betonen, dass Simon keineswegs annimmt, dass Objekte des Künstlichen als „operativ geschlossene", sich selbst reproduzierende („autopoietische") Systeme zu denken sind. Wie auch ließe sich plausibilisieren, dass Spielplätze, Aquarelle, Bankgebäude, Computerspiele, Wasserkocher, Smartphones, Autos, Gemälde, Fotografien oder andere Gegenstände und deren Erscheinungsformen soziale Systeme im Luhmann'schen Verständnis darstellen? Gleichwohl können Artefakte als „innere Umgebung" von einer „äußeren Umgebungen" unterschieden werden. Wenn sie auch stets in einem prozessualen Geschehen akteursbezogener Praxis hervorgebracht werden, so sind sie doch als einmal materialisierte Objekte durch relativ stabil gekoppelte Eigenschaften gekennzeichnet, die sie von ihrer Umgebung unterscheidbar machen. Und zwar in spezifischer Weise: Indem das Künstliche an menschlichen Zwecken und Zielen orientiert ist, konstituieren sich Artefakte als kontingente, d. h. immer anders mögliche Formen und sind eben hierin von der Sphäre des Nichtartifiziellen zu unterscheiden. „Wenn natürliche

---

[8]Dass die Umwelt des Menschen im weiteren Sinne der Bezugspunkt des Gestaltens sein sollte, ist, wenn auch in einem soziologisch unspezifizierten Sinne, durchaus eine Komponente nunmehr klassischer designtheoretischer Überlegungen. So formuliert Max Bill 1964: „By environmental design I mean shaping the human environment with a view to creating decent living conditions." (Bill 1964/2010: 143).

Erscheinungen, in ihrer Bindung an die Naturgesetze, eine ‚Aura' von Notwendigkeit um sich haben, so zeigen künstliche Phänomene, in ihrer Verformbarkeit durch die Umwelt, eine Aura von ‚Unabhängigkeit'." (Simon 1994: vii).

Entscheidend ist, dass mit den Umgebungen Anforderungen an Gestaltung einhergehen. Simon spricht von Umgebungen als „Problembereiche", auf die sich die Gestaltung des Artifiziellen einstellen muss. Den Anpassungsdruck visueller Kommunikationen an Umgebungen plausibilisiert eine in der Evolutionstheorie bekannte Erkenntnis: „Die äußere Umgebung bestimmt die Bedingungen, unter denen das Ziel erreicht werden kann. Ist das innere System (die Artefakte, Anmerk. Y.K.) in geeigneter Weise ausgelegt, so ist es der äußeren Umgebung angepaßt und sein Verhalten wird zu einem Großteil vom Verhalten der letzteren bestimmt [...]. Das Verhalten nimmt die Form des Problembereichs an." (Simon 1994: 10 f.).

Die Chancen, dass Artefakte mit ihren sichtbaren Eigenschaften bestimmte Zwecke und Ziele erreichen, hängen demnach von Bedingungen in der Umwelt ab. Die höchst asymmetrische Beziehung zwischen beiden Seiten – einer kleinen Anzahl von Objekteigenschaften steht ein weiter Horizont von Umgebungseigenschaften gegenüber – lässt keine Anpassung der Umgebungen an Artefakte, sondern nur umgekehrt eine Anpassung der Objekte an ihre Umgebungen zu. Die Variabilität von Formen, Zielen und Zwecken kann nichts daran ändern, dass die selektiven Kriterien, die über die Beachtung, die Akzeptanz und den Erfolg einer Gestaltung entscheiden, nicht im Zugriffsbereich der Artefakte liegen, sondern in deren Umgebungen.

Nun erfordert die Erschließung der Wissenschaften vom Künstlichen für eine Soziologie visueller Kommunikation einige Modifikationen und Spezifikationen, die hier nicht weiter ausgeführt werden sollen. Vorschlagen möchte ich immerhin an dieser Stelle, für den Prozess der Anpassung den soziologischen Begriff von Praxis einzusetzen und unter den „äußeren Umgebungen" des Künstlichen soziale Strukturen zu verstehen, für die die Soziologie verschiedene Beschreibungen bereithält.[9] Neben dem in Bezug auf das Beispiel der Uhr erwähnten Strukturen wie kollektive Identitätssemantiken (Gender, Alter), Milieu/Lebensstil und Macht sind z. B. „Rahmen" (Goffman 1977), „feeling rules" (Hochschild 1979), „kommunikative Gattungen" (Luckmann 1986) oder „Funktionssysteme" (Luhmann 1986) relevante soziale Umgebungen von Design. Während z. B. kulturell erlernte Rahmen

---

[9]Zu der ausführlicheren Darstellung der Begriffe „Praxis" und „Struktur" im Rahmen dieses Konzeptes vgl. Kautt 2016 und 2017.

das situative Wirklichkeitsverstehen anleiten, orientieren sozial vermittelte Emotionsregeln kontextbezogen unsere Gefühle, während wiederum funktionalisierte Genres oder Systeme der Gesellschaft (wie die Wissenschaft, die Werbung, die Medizin, der Journalismus oder die Kunst) spezifische Anforderungslagen für das Design bedeuten, die mit ihren sozialen Funktionen zusammenhängen. Gemeinsam ist den verschiedenen sozialen Strukturen, dass sie als situationsüberschreitende *Einschränkungsbedingungen* des Handelns und Kommunizierens auch die Möglichkeiten des Designs bedingen, mithin den Spielraum möglicher Formbildungen limitieren.

Da hier nicht der Ort ist, die einzelnen Struktur- bzw. Umgebungskonzepte detailliert zu beschreiben, sei lediglich darauf hingewiesen, dass die Soziologie zahlreiche Argumente und empirische Befunde zur Verfügung stellt, mit denen man von der komplexen Verflochtenheit des Sozialen mit dem (sichtbar) Gestalteten ausgehen kann und eben hierin die Chance für eine verstärkte transdisziplinäre Zusammenarbeit von Design und Soziologie besteht. Schematisch lässt sich das Beziehungsgefüge von Praktiken, sozialen Strukturen und gestalteten Sichtbarkeiten (Artefakte) folgendermaßen darstellen (vgl. Abb. 1; die Ebene der Praxis ist hier mit dem Begriff Akteur bezeichnet).

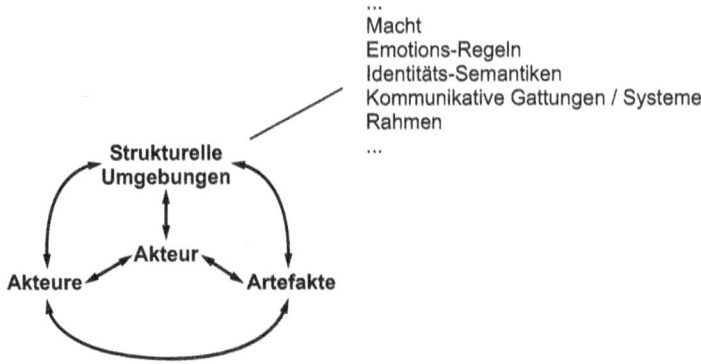

Abb. 1 Beziehungsgefüge von Praktiken, sozialen Strukturen und gestalteten Sichtbarkeiten. (Quelle: Eigene Abbildung)

3 Gutes Design – soziologische Perspektiven

Die Soziologie zielt zunächst darauf ab, möglichst zutreffende Beschreibungen, Interpretationen und Erklärungen ihres Gegenstands – der Gesellschaft – anzufertigen. Die Erörterung spekulativer wie normativer Fragen nach der Herstellung einer ‚guten' oder möglichst ‚guten' Gesellschaft ist nicht ihre primäre Aufgabe. Indessen wäre es sicher wünschenswert, wenn die Soziologie zu den drängenden Fragen der Zeit – zu denen das Design der Gesellschaft in Bezug auf Probleme wie solchen der ökologischen Krise, sozialer Ungleichheiten oder der Diskriminierung fraglos gehört – einen Beitrag leisten könnte. Dabei versteht es sich von selbst, dass sich sehr verschiedene Gütekriterien für Design formulieren lassen. Im Folgenden soll es nur darum gehen, auf der Basis des zuvor Gesagten einige Überlegungen aus der Perspektive der Soziologie zusammenzutragen – wohl wissend, dass Designerinnen und Designer auch ganz andere Gesichtspunkte im Blick behalten müssen.

3.1 Sozialsensibles Design: form follows social functions

Fragt man danach, wie es möglich ist, dass die Anpassung des Designs verschiedenster Objekte an soziale Anforderungslagen auch ohne vertiefte Soziologie-Kenntnisse der Praktikerinnen und Praktiker gelingt, liegt die soziologische Antwort auf der Hand: Wie alle Menschen sind Designerinnen und Designer in der Gesellschaft sozialisiert und enkulturalisiert. Sie verfügen daher über einen reichen Erfahrungs- und Wissensvorrat, der gestaltungspraktisch auch dann wirksam wird, wenn er nur implizit als Orientierungsrahmen des Gestaltens fungiert. Selbst dann, wenn über empirische Analysen ‚Zielgruppen' genauer untersucht werden (etwa in Marktforschung) und die Ergebnisse Designerinnen und Designern als Arbeitsfolie zur Verfügung gestellt werden, dürfte ein inkorporiertes, implizites Wissen sozialer Ordnungen für die Gestaltungspraxis von entscheidender Bedeutung sein. Gute Designerinnen und Designer, könnte man sagen, sind zugleich Quasi-Soziologinnen und -Soziologen mit einem Gespür für die Sozialdimensionen des Künstlichen.

Während das sozialisierte Gespür im einen oder anderen Fall genügen mag, wäre in anderen Fällen eine stärkere und systematischere Reflexion sozialer Zusammenhänge sicherlich zielführend(er). Ein Beispiel ist der Kontext der Gestaltung des Alter(n)s in verschiedenen Facetten (Mode, Werbung, Architektur, social media u. a.): Weil hier den (nicht selten jungen) Gestaltern oftmals Erfahrung und Wissen fehlt, liegen hier Ansätze wie etwa diejenigen des „partizipatorische[n] Design[s]"[10] (Mareis, Held und Joost 2013) besonders nahe, die im praktischen Umgang mit alten Menschen mit einer gleichsam ethnografischen Forschungshaltung zunächst einmal ergründen, wie der Alltag der Nutzerinnen und Nutzer und der konkrete Umgang mit Objekten (z. B. Produkt-Prototypen) aussieht, um dadurch ein adäquates Design zu entwickeln.[11]

Vor dem Hintergrund solcher Problemstellungen, deren Auflistung sich erheblich erweitern ließe – man denke nur an den dramatischen Wandel durch die Bedeutungssteigerung visueller Medien oder die Computerisierung der Gesellschaft bis hin zum „Internet der Dinge" –, ist es durchaus verständlich, dass seit einigen Dekaden über ein um Sozialität im weitesten Sinne erweitertes Design-Verständnis nachgedacht wird. Immer offensichtlicher wird, dass Design verschiedenste soziale Prozesse berücksichtigen muss – auch und gerade dann, wenn es nicht nur um die Gestaltung sichtbarer Formen, sondern auch das prozessuale *Verhalten* von Objekten geht. Nicht zuletzt forciert das Design von Algorithmen und deren Einbettung in unterschiedlichste mediale (materielle) Substrate

---

[10]Schon im Tagungsband zur Design Research Society's Conference 1971 steht „Design Participation" für ein umfassendes Design-Verständnis (vgl. Cross 1972). Im Mittelpunkt steht der Anspruch, Design nicht in Top-Down-Prozessen zu organisieren, in denen professionelle Akteure in Unternehmen und Organisationen darüber entscheiden, was der „Kunde", „Nutzer", „Rezipient", „Konsument", „Besucher", „Zuschauer" oder die „Zielgruppe" für schön, sinnvoll, bildend, unterhaltend, begehrenswert oder informativ hält. Ziel ist vielmehr, die Prozesse des Entwerfens von Anfang an bis hin zum fertigen Produkt in aktiver Kooperation mit denjenigen zu gestalten, die mit den Artefakten umgehen. Das ermöglicht unter anderem das Aufdecken von blinden Flecken und die Klärung mancher Probleme der klassischen Usability- und Planungsforschung, die einen idealtypischen Nutzer unterstellen (vgl. Mareis 2013: 15) und damit z. B. kaum Anhaltspunkte für die konkrete Anwendungspraxis von Dingen und das damit einhergehende „nicht-intentionale Design" gewinnen können (vgl. Brandes, Erlhoff und Wagner 2006).
[11]In der ökologischen Gerontologie spricht man im Kontext vergleichbarer Perspektiven z. B. von „environmental design" (vgl. z. B. Rowles und Bernard 2013) oder „inclusive Design" (z. B. Clarkson et al. 2003). Partizipative Designer sind zugleich – insofern Ethnografen vergleichbar – Forscher im Feld, die Arbeitstechniken und Methoden zum Einsatz bringen, die man im Kontext der Sozialwissenschaften als „Daten erheben", „narratives Interview", „teilnehmende Beobachtung" oder „going native" bezeichnet.

diese Entwicklung. Weil computerisierte Objekte zu aktiven, quasi-handelnden und kommunizierenden Akteuren werden, muss Ding-Design in neuer und gesteigerter Weise auf den Sozialbezug des Artifiziellen reflektieren.

Dabei bleibt die Einbeziehung sozialer Dimensionen in designtheoretische Konzepte im hier angedeuteten Sinne steigerungsfähig.[12] Dem alten Leitspruch „form follows function" (Sullivan 1896) könnte ein neuer Sinn für die Praxis des Gestaltens und deren Kritik gegeben werden, wenn *soziale* Funktionen des Designs stärker, umfassender und systematischer berücksichtigt würden als bisher und das Credo also auch und gerade im Sinne von „form follows *social* functions" reflektiert würde.[13] Stärker, indem für die Praxis des Gestaltens die Anpassung von Artefakten an *das Soziale als eine zentrale Problemstellung* anerkannt würde, umfassender, indem die *Verschiedenheit* der Sozialbezüge des Künstlichen reflektiert würde und systematischer, indem auch soziologischen oder vergleichbaren (qualitativen) *Methoden* in der Wissenschaft vom Entwerfen und in der Designpraxis ein fester Platz zugewiesen würde. Freilich wäre hierfür zunächst ein adäquates Methodenrepertoire an der Schnittstelle von Design und Soziologie zu entwickeln – eine Aufgabe, von der auch die Soziologie profitieren würde, da sie in der transdisziplinären Zusammenarbeit ihren Methodenkanon und damit das Spektrum möglicher Erkenntnisgewinne erweitern könnte.

3.2 Ethisches Design

Nun lässt sich eine Perspektive, die Design als Prozess der Anpassung von Objekten an bestehende soziale Strukturen auffasst, leicht als unkritische Affirmation bestehender (sozialer) Ordnungen mit all ihren Problemlagen kritisieren. Und in der Tat verhält sich die Frage nach dem ‚Funktionieren' von Design in Bezug auf soziale Umgebungen zunächst neutral zu den moralisch wertbezogenen Qualitäten des Entworfenen. Unschwer erkennbar ist z. B., dass Produkte mit ihren Design-Attributen an soziale Umgebungen bestens angepasst und doch unter ökologischen Gesichtspunkten äußerst problematisch sein können. Man ist

---

[12]Vgl. aber zu Ansätzen der Einbezugnahme sozialer Dimensionen z. B. Krippendorf (2005).

[13]Freilich übernimmt Design nicht nur soziale Funktionen – aber eben oftmals auch.

versucht zu sagen, dass eben dies für eine Mehrheit von Konsumprodukten gilt, spielen doch bei ihrer Gestaltung z. B. ökologische Gesichtspunkte bestenfalls eine untergeordnete Rolle.[14]

Ich glaube allerdings, dass einfaches Moralisieren, etwa in der Gestalt einer allgemeinen Kritik am „neoliberalen Regime", gerade dann kaum weiterhilft, wenn man im Sinne eines kritischen Designs unter ‚gutem' Design mehr verstehen will als schöne Formen. Derartige Kampfbegriffe verschaffen lediglich denjenigen, die hierin eine adäquate Beschreibung der Gegenwartsproblemlagen sehen (darunter nicht wenige Sozial- und Kulturwissenschaftlerinnen) ein angenehmes und Gemeinschaft stiftendes Gefühl; die Bösen, das sind die anderen. Man kann vermuten, dass utopistische Entwürfe, die nicht auf die komplexen Beziehungsgefüge des Designs reflektieren und statt dessen einfache Schlagwörter platzieren, die Möglichkeit blockieren, die konkreteren Spielräume eines relativ *besseren* Designs überhaupt auszuloten, mithin eine *Ethik* des Designs zu erarbeiten, die sich darum bemüht, Kriterien des guten (Design-)Handelns zu bestimmen. Es ist daher nötiger denn je, für die Designtheorie einen Begriff der „Kritik" zu reklamieren, der der griechischen Ursprungsbedeutung und der philosophischen Tradition (Kant) als kriteriengeleitetes Unterscheiden folgt.[15]

Das gilt auch, wenn man – wie ich meine, aus sehr guten Gründen (der ökologischen Krise) – die Messlatte für gutes Design besonders hoch legt und ein „Überlebensdesign" (Borries 2016: 39–53) einfordert. Gerade dann kommt es

---

[14]Die bei akademischen und politisch ‚korrekten' Milieus (bei denen sich gemeinhin auch Soziologinnen und Soziologen verorten) beliebte Produktpalette von Apple gibt hierfür ein Beispiel. Die puristische Gestaltung (etwa des iPhone) eignet sich als Identitätsgenerator eines bestimmten Milieus mit einem bestimmten Lebensstil (milieuspezifischer Geschmack) und ermöglicht Gender-Performanzen (Variation von Farbgebungen) ebenso wie eine lebensstilkompatible Status-Symbolik, indem sie eine Maske der Bescheidenheit herstellt (schlichte Eleganz). Hinzu kommt das (selbstverständlich kontrafaktische) Image des Subkulturellen, mit dem sich die Marke von Anbeginn als kleiner Konkurrent des ‚Riesen' Microsoft zu inszenieren verstand. Dass die tatsächlichen Produktionsbedingungen der Produkte, der überhöhte Preis, die offensichtliche Pseudo-Sakralisierung in Apple-Stores (Inszenierung von ‚Eigentlichkeit' und ‚Substantialismus') sowie eine am Markt unvergleichlich rigide Konsumentenanbindungspolitik kaum Kritik provoziert, ist zweifelsohne maßgeblich ein Resultat erfolgreichen Designs. Dieses lässt, ganz im Sinne des Marx'schen Fetisch-Begriffs, den größeren sozialen Zusammenhang der Objekte vergessen und damit die Produktgestalt als Eigenwerte erscheinen, wenngleich gerade Designerinnen und Designer (vielleicht zu Recht) Apple-Produkten einen vergleichsweise hohen „Gebrauchswert" (Marx) bescheinigen.

[15]Siehe hierzu Schweppenhäuser (2016: 21 f.).

darauf an, den bestehenden Fundamentalismen der Gegenwartsgesellschaft nicht einen weiteren hinzuzufügen, sondern sich in einem ersten Schritt um das Verstehen der komplexen Beziehungsgefüge des Designs zu bemühen, um von den analytischen Befunden aus der Frage nachzugehen, an welchen Stellgrößen sich die Dinge etwas zum Besseren verändern lassen.

Ein wichtiger, wenn auch in Zeiten zunehmender Alarmismen und Fundamentalismen unpopulärer Schritt liegt in der (u. a. soziologischen) *Aufklärung* der Verhältnisse. Ein Beispiel bietet die Reflexion der Möglichkeiten, der ökologischen Krise durch ‚gutes Design‘ zu begegnen: Umweltverträgliches Design kann sich in der *Wirtschaft* nur durchsetzen, wenn die Kunden den Preis akzeptieren, die jeweiligen Produkte also überhaupt gekauft werden. Die *Politik,* so scheint es zumindest, kann umweltorientierte Vorgaben für Design nur in dem Maße durchsetzen, in dem sie von der Bevölkerung per Wahlen dazu ermächtigt (und wiedergewählt) wird. Die *Erziehungs- und Bildungsinstitutionen* wiederum können zu umweltbewusstem (Design-)Konsum nur in dem Maße anregen, wie die von ihnen Erzogenen und Gebildeten für diese Fragen über organisationale und institutionelle Rahmenbedingungen überhaupt erreichbar sind. Und auch die *Kunst,* die sich seit dem 20. Jahrhundert gesellschaftsrelevante Themen gern explizit zu eigen macht, muss neben bzw. mit der Politisierung des Ästhetischen erkennbar machen können, was ihre Formen etwa von praktischer Politik, von der Politikwissenschaft oder der Soziologie unterscheidet, wenn sie im System der Kunst Anerkennung finden will – auch sie kann also Ökologie nur sehr bedingt zum Maßstab ihrer Formen machen.

Nun mag eine solche Sicht auf die (Design-)Dinge – am Beispiel „ökologischer Kommunikation" prominent vorgetragen von Niklas Luhmann (1986) – falsch liegen, insofern sie von „operativ geschlossenen" Funktionssystemen ausgeht, die sich, einmal historisch entwickelt, entlang ihrer „Codes" und „Programme" ohne willentliches Zutun von Menschen „autopoietisch" reproduzieren.[16] Auch kann man durchaus Skepsis äußern bezüglich Luhmanns These, dass Systeme wie die eben genannten nur durch Irritation in ihrer Umwelt, z. B. durch Formen des Protests, zum Wandel und zum Lernen zu bewegen sind. Folgt man der Annahme, dass denkende und fühlende Menschen stets an der Operationsweise sozialer

---

[16]Zu einer vergleichsweise leicht zugänglichen Darstellung der grundlegenden systemtheoretischen Annahmen vgl. ebenfalls Luhmann (1986).

Systeme beteiligt sind und (Design-)Entscheidungen treffen, bestehen Chancen ethisch ‚guten' Designs fraglos in den verschiedensten Zusammenhängen. Doch kann zugleich kein Zweifel daran bestehen, dass die Handlungsmöglichkeiten strukturellen Zwängen unterliegen und es durchaus von Vorteil sein kann, auf diese – z. B. auch im Zugriff auf soziologisches Wissen – zu reflektieren.[17]

Nötiger denn je erscheint also ein Design, das sich um die Ausbalancierung der verschiedenen Aufgabenstellungen des Gestalteten bemüht und dabei die relevanten Problemlagen der Gegenwartsgesellschaft in den Blick nimmt, zu denen neben und mit ökologischen Problemen solche der sozialen Ungleichheit und der Fundamentalismen verschiedenster Prägung gehören (Nationalismen, Ethnozentrismus, Rassismus, Normalismus,[18] religiöser Fanatismus). Das von Buckminster Fuller bereits 1968 lancierte Bild vom „Spaceship Earth" hat jedenfalls ebenso an Aktualität gewonnen wie die im dazugehörigen „Instruction Manual" geforderte Transdisziplinarität der verschieden spezialisierten Astronauten an Bord.

Dabei stehen die Chancen für ein ethisch reflektiertes Verantwortungs-Design im Sinne eines sozialökologischen Strukturalismus derzeit besser denn je. Das gilt zumindest dann, wenn man der Diagnose Bruno Latours zustimmt, dass sich im alltäglichen Designbegriff eine neuartige Mentalität, ja geradezu ein spezifisch modernes Weltverständnis manifestiert: Wir seien uns bewusster denn je, dass wir es sind, die die Welt in ihren verschiedensten Dimensionen designen. Und indem wir uns als Urheber unserer materiellen Umgebung erkennen, so Latour, gerate mit der Reflexion auf den Menschen als Designer ein „vorsichtiger Prometheus" in den Blick, der die Folgen seiner Gestaltungsprozesse abzuschätzen versucht.[19]

---

[17]Diese strukturellen Zwänge kann man auch daran erkennen, dass professionelle Designer prinzipiell mit einer dreifachen Rollenerwartung konfrontiert sind – neben denen des eigenen Berufsstandes nämlich mit jenen von Auftraggebern und Nutzern (Baur 2005: 57 f.). Die Frage „Wer gestaltet die Gestaltung?" (Mareis 2013) ist entsprechend nicht einfach zu personalisieren, sondern verweist auf komplexe soziale Beziehungsgefüge.

[18]So könnte es sich Design stärker zur Aufgabe machen, die von der Wissenschaft, der Wirtschaft, der Unterhaltungsindustrie und anderen Institutionen geschaffenen „Normalitätszonen" (Link 1997) durch unkonventionelle Formgebungen etwas auszudehnen, ohne dem „Konformismus des Andersseins" (Bolz 1999) zu erliegen.

[19]Vgl. Latour (2009).

Ob ein „vorsichtiger Prometheus" tatsächlich in Sicht ist, sei dahingestellt. Die Diskurse um ressourcenschonendes, nachhaltiges Design mögen als Hinweis in diese Richtung gelesen werden.[20] Sicher aber kann man wissen, dass mit Latours Hinweis auf die Reflexivität des Designbegriffs unter Einschluss der diagnostizierten Bereitschaft, Design als Haltung der Verantwortung zu begreifen, noch keine Hinweise darauf gegeben sind, wie die sozialen Anforderungslagen an das Gestaltete und die Beziehungen des Künstlichen zu seinen Umgebungen erschlossen werden können. Die Soziologie, so das hier angedeutete Konzept, könnte mit ihrer Beschreibung von Sozialität, Kultur und Gesellschaft durchaus einige Gesichtspunkte bereitstellen. Das gilt erst recht, wenn man die Möglichkeit bedenkt, dass das Wissen über soziale Strukturen anti-strukturell eingesetzt werden kann, Design also Irritation, Protest und Revolte unterstützen kann. Man denke nur an die Image-Kampagnen sozialer Bewegungen[21], an die politische Ästhetik künstlerischer Gruppierungen[22] oder die Kritik an Bildregimen wie demjenigen der Werbung durch das sogenannte „Adbusting".

4 Zum Schluss: Ein Wort zur Schönheit

Nun mögen die bisherigen Überlegungen den Eindruck erwecken, das Gesagte wende sich gegen das Prinzip der schönen Form und der guten Gestalt. Und tatsächlich gibt es zeitgenössische Beobachter, die das Schöne als Leitwert des Designs zu verabschieden trachten.[23] Doch nichts wäre törichter als eben dies – und zwar auch und gerade dann, wenn Design in sozial und ökologisch relevanten Problemstellungen bedeutsam sein will. Zwei Argumente sind meiner Meinung

---

[20]Für einen Überblick siehe Fuhs et al. (2013) und Sommer und Welzer (2014). Zu bedenken ist allerdings, dass sich in moralischen und ethischen Diskursen lediglich Kommunikationen realisieren – umso relevanter die Bedeutung eines hieran anschließenden materialisierten Designs.

[21]Vgl. z. B. Hieber (2008).

[22]Vgl. z. B. Schober (2009).

[23]So z. B. von Borries im Rahmen seiner „politischen Designtheorie" (2016: 37). Dass im Folgenden ‚das Schöne' nicht als metaphysische oder allgemein-intersubjektiv durch spezifische Formen erreichbare Kategorie verstanden wird, versteht sich (fast) von selbst. Von ‚guter Gestalt' bzw. Schönheit kann nur im Sinne eines Leitwerts die Rede sein, dessen empirische Konkretionen Individuen oder Gruppen mehr oder weniger und in Bezug auf höchst verschiedene Objekte sehr verschieden zufrieden stellen.

nach entscheidend. Das erste ist ein machttheoretisches: Wenngleich die Feststellung „Design ist politisch, weil es in die Welt interveniert" (Borries 2016: 30)
zutrifft, weil jeder Entwurf einen Eingriff in die Welt darstellt, die ohne ihn eine
andere war, ist Design keinesfalls immer *mächtig*. Hierin liegt ein feiner, aber
gewichtiger Unterschied. Das gilt zumindest solange, wie Design keiner institutionalisierten Macht unterstellt ist, es also selbst nicht (explizit) symbolischer Ausdruck einer Macht ist, die ihre Interessen gegen den Willen anderer durchzusetzen
vermag.[24] Auch wenn wir im Alltag oftmals Machtunterworfene der Willkür des
Designs sind, das uns umgibt – Heinrich Popitz spricht von der „datensetzenden
Macht" (z. B. der Architektur) als einem spezifischen Typus von Macht (Popitz
1992) –, haben wir in vielen Fällen (z. B. als Konsumenten) immer noch die Möglichkeit, zwischen Design-Alternativen zu wählen oder auf Konsum zu verzichten.

Auch der politisch motivierte Designer kann in einer offenen Gesellschaft die
Welt nicht nach eigenem Gutdünken gestalten. Er ist vielmehr in einer Gesellschaft platziert, in der stets Andere mitentscheiden, welche Formen nachgefragt
werden und Erfolg haben. Die Gesellschaft ist mit all ihren Gegebenheiten ein
real existierender Widerstand, auf den sich Gestalterinnen und Gestalter einlassen
müssen[25] – die Erfolgsbedingungen des Entworfenen liegen in ihrer Umwelt. Und
das ist gut so. Alles andere würde nämlich bedeuten, Design umfassend und zentralisiert zu politisieren – also den Erfolg des Gestalteten nicht mehr den ‚Nutzern'
in ganz unterschiedlichen Gesellschaftskontexten (von alltäglichen Konsumgütern über Lifestyle-Produkte von Subkulturen bis hin zu den Bereichen Religion,
Medizin, Wissenschaft, Kunst, Sport u. v. m.) zu überlassen. Die Ergebnisse eines
solchen gleichgeschalteten Gesellschaftsdesigns kann man in Staaten wie Nordkorea oder, bezogen auf die deutsche Geschichte, im Rahmen der nationalsozialistischen „Architektur des Untergangs"[26] beobachten.

---

[24]Hierin Max Weber folgend, der Macht definiert als die Chance, „innerhalb einer sozialen
Beziehung den eigenen Willen auch gegen Widerstreben durchzusetzen, gleichviel worauf
diese Chance beruht." (Weber 1980: 28). Wenngleich es normative und rechtliche Sperren
gegen die Konvertibilität von Geld in Macht im engeren Sinne gibt, ist nicht zu übersehen, dass gerade dem Verfügen über Eigentum und Geld ein erhebliches Machtpotenzial
zukommt, insofern die Durchsetzungsfähigkeit auf Wirtschaftsmärkten (auf denen bekanntlich viele Güter verfügbar sind) von ökonomischem Kapital abhängt.

[25]Dazu gehören in vielen anwendungsbezogenen Kontexten nicht nur Konsumenten bzw.
Nutzer, sondern auch die Auftraggeber von Design.

[26]So der Titel eines Dokumentarfilms von Peter Cohen (1989), der die ästhetische Programmatik der NS-Zeit reflektiert.

Unter den Bedingungen einer dem Anspruch nach freien, offenen Gesellschaft, in denen Objekte zumeist auf Märkten gehandelt werden, Design also nicht über Macht zwangsverordnet werden kann, muss Design, zumindest auch, auf die *Macht der Verführung* setzen.[27] Das Prinzip der guten Form und der Image-Kommunikation (Kautt 2008) sind hier eine sehr relevante Dimension der Gestaltung, um die Erfolgswahrscheinlichkeit von Design zu steigern. Ein Design, das sich bloß auf die Durchsetzungskraft des besseren (z. B. ethisch begründeten) Arguments verlässt, übersieht zudem den Sachverhalt, dass das materialisiert Entworfene ohnehin kein Argument ist, sondern zunächst auf der Wahrnehmungsebene (des Sehens, Tastens, Hörens und manchmal auch des Riechens) in auffälliger Weise eine *Form* ist, die zu anderen in Konkurrenz steht und sich im Konkurrenzgefüge von Formen als eben solche durchsetzen muss.

Das zweite Argument für die Notwendigkeit von Schönheit als wichtigem Reflexionswert von Design (sowohl praktisch-herstellend als auch konsumptiv-rezipierend) liegt auf der Ebene der relativen Wertschätzungen und emotionalen Beziehungen, die Menschen zu Dingen unterhalten. Wie schon des Öfteren bemerkt, ist die Ent-Täuschung von Erwartungen, Sehnsüchten und Wünschen eine der wichtigsten Triebfedern modernen Konsums.[28] Insofern und insoweit Dinge und mit ihnen ihre Gestaltung nicht längerfristig überzeugen und sich keine tiefer liegende Beziehung zu Objekten ergeben, liegt es nahe, Erwartungsenttäuschungen über weitere Konsumhandlungen zu kompensieren, die ihrerseits über ‚Ästhetik' ein neues Versprechen formulieren. Sieht man in der allgemeinen Konsumreduktion und in der Nachhaltigkeit einzelner Objekte einen Zielwert ethischen Designs, sind ‚Schönheit' und gute Form demnach besonders wichtige Leitwerte. Die Frage lautet dann: Welche Ästhetik ist es, die nicht nur Impulse des kurzfristigen Haben-Wollens freisetzt, sondern eine dauerhafte Bindung an ihre Besitzerinnen und Besitzer ermöglicht und diese Fragestellung unter Umständen gar innerhalb des jeweiligen Designs reflektierbar macht.[29]

---

[27]Dass diese Macht unvermeidlicherweise auch den Mächten der Unfreiheit zu Gebote steht, ist selbstverständlich. Umso mehr kommt es darauf an, die Mächte der Verführung unter ethischen Gesichtspunkten zu reflektieren und praktische Schlussfolgerungen hieraus zu ziehen.

[28]Vgl. z. B. Marx (1968: 88 ff.) und Baudrillard (1982).

[29]Dass sich Design nicht zugleich verstärkt um Fragen der Weiterverwendung kurzlebiger Dinge bemühen sollte, ist damit selbstverständlich nicht bestritten.

Im Lichte der obigen Überlegungen kann man notieren, dass es sicherlich erstrebenswert wäre, wenn Designwissenschaften und Soziologie im Kontext von Problemen wie den hier genannten stärker als bisher in transdisziplinären Arbeitszusammenhängen kooperieren würden. Neben und mit einer komplexeren Sozialisierung und Kulturalisierung von Design läge hierin wohl auch eine Möglichkeit, Designtheorien im Sinne einer neuen Ökologie der Theorien und Konzepte weiter zu entwickeln, um den Anforderungslagen des Designs in der komplexen Gegenwartsgesellschaft besser begegnen zu können – ja überhaupt die Frage des ‚guten Designs' in diesem Sinne im Blick zu behalten. Einer skeptischen Diagnose Max Bills aus dem Jahr 1988 wird man jedenfalls dreißig Jahre später durchaus brennende Aktualität bescheinigen können:

> Today's situation seems to me pathologically devoid of culture. Civilisation is devouring itself. ‚Quality of life' has become a catchphrase. Freedom has given way to the compulsion of consume. The first thing to be noted about the ‚function of designed objects', from today's perspective, is that there is very little interest in this idea. Yet it clearly relates to our whole concept of culture – for designed objects are cultural goods. On top of their utility value, their function is to build the framework in which our culture is expressed. So what do we do, if this framework is diminished? (Bill 2010: 168).

Literatur

Bachmann-Medick, Doris (2006): Cultural Turns. Neuorientierungen in den Kulturwissenschaften, Reinbek: Rowohlt.
Baudrillard, Jean (1982): Der symbolische Tausch und der Tod, München: Matthes und Seitz.
Baur, R. (2005). Zwischen Subjekt und Objekt. Design und wissenschaftliche Forschung, in: Swiss Design Network (Hrsg.), Forschungslandschaften im Umfeld des Designs, Zürich: Swiss Design Network, 55–63.
Bill, Max (1964/2010): Are european methods of environmental design universally applicable (in art, architecture, urban planning, product design)?, in: ders.: Form, Function, Beauty=Gestalt. London: AA Publications, 143–146.
Bill, Max (1988/2010): The function of designed objects, in: ders.: Form, Function, Beauty=Gestalt, London: AA Publications, 168.
Bolz, Norbert (1999): Die Konformisten des Andersseins, Paderborn: Fink.
Bourdieu, Pierre (1982): Die feinen Unterschiede. Kritik der gesellschaftlichen Urteilskraft, Frankfurt am Main: Suhrkamp.
Brandes, Uta, Michael Erlhoff und Ingo Wagner (2006): Non intentional design, Köln: Daab.

Bröckling, Ulrich (2007): Das unternehmerische Selbst. Soziologie einer Subjektivierungsform, Frankfurt am Main: Suhrkamp.

Clarkson, John et al. (Hrsg.) (2003): Inclusive design. Design for the whole population, London: Springer.

Cross, Nigel (Hrsg.) (1972): Design Participation. Proceedings of the Design Research Society's Conference, Manchester, September 1971, London: Academy Editions.

Dikovitskaya, Margaret (2006): Visual Culture. The Study of the Visual After the Cultural Turn, Cambridge: MIT Press.

Elias, Norbert (1935/2003): Kitschstil und Kitschzeitalter, Frankfurt am Main: LIT.

Fuhs, Karin-Simone et al. (Hrsg.) (2013): Die Geschichte des Nachhaltigen Designs, Bad Homburg: VAS.

Fuller, Richard Buckminster (1968): Operating manual for spaceship earth, Carbondale: Southern Illinois University Press.

Gehlen, Arnold (1950/2016): Der Mensch. Seine Natur und seine Stellung in der Welt, Frankfurt am Main: Klostermann.

Goffman, Erving (1977): Rahmen-Analyse. Ein Versuch über die Organisation von Alltagserfahrungen, Frankfurt am Main: Suhrkamp.

Hahn, Alois (1997): Partizipative Identitäten, in: Herfried Münkler (Hrsg.), Furcht und Faszination. Facetten der Fremdheit, Berlin: Akademie, 115–158.

Hieber, Lutz (2008): Neue Soziale Bewegungen und Medienmacht, in Michael Jäckel und Manfred Mai (Hrsg.), Medienmacht und Gesellschaft. Zum Wandel öffentlicher Kommunikation, Frankfurt am Main, New York: Campus, 99–122.

Hitzler, Roland und Anne Honer (1994): Bastelexistenz, in: Ulrich Beck und Elisabeth Beck-Gernsheim (Hrsg.), Riskante Freiheiten. Individualisierung in modernen Gesellschaften, Frankfurt am Main: Suhrkamp, 307–315.

Hochschild, Arlie (1979): Emotion Work, Feeling Rules and Social Structure, in: American Journal of Sociology, 85, 551–575.

Kautt, York (2017): Grounded Theory als Methodologie und Methode der Analyse visueller Kommunikation [65 Absätze]. Forum Qualitative Sozialforschung / Forum: Qualitative Social Research, 18, 3, Art. 8, http://dx.doi.org/10.17169/fqs-18.3.2859 (Zugriff am 07.11.2017).

Kautt, York (2016): Praxis als Begriff einer Sozialtheorie visueller Kommunikation, in: Jürgen Raab und Reiner Keller (Hrsg.), Wissensforschung – Forschungswissen. 1. Sektionskongress der Wissenssoziologie 2015, Weinheim: Beltz/Juventa, 695–706.

Kautt, York (2008): Image. Zur Genealogie eines Kommunikationscodes der Massenmedien, Bielefeld: transcript.

Krippendorf, Klaus (2005): The Semantic Turn: A New Foundation for Design, Oxford/New York: Taylor & Francis.

Latour, Bruno (2009): Ein vorsichtiger Prometheus? Einige Schritte hin zu einer Philosophie des Designs, unter besonderer Berücksichtigung von Peter Sloterdijk, in: Marc Jongen, Sjoerd van Tuinen, Koenraad Hemelsoet (Hrsg.), Die Vermessung des Ungeheuren. Philosophie nach Peter Sloterdijk, München: Fink, 357–374.

Link, Jürgen (1997): Versuch über den Normalismus. Wie Normalität produziert wird, Opladen: Westdeutscher Verlag.

Luckmann, Thomas (1986): Grundformen der gesellschaftlichen Vermittlung des Wissens. Kommunikative Gattungen, in Friedhelm Neidhardt (Hrsg.), Kultur und Gesellschaft, Opladen: Westdeutscher Verlag, 191–211.

Luhmann, Niklas (1986): Ökologische Kommunikation. Kann die moderne Gesellschaft sich auf ökologische Gefährdungen einstellen? Opladen: Westdeutscher Verlag.

Mareis, Claudia (2011): Design als Wissenskultur, Bielefeld: transcript.

Mareis, Claudia (2013): Wer gestaltet die Gestaltung? Zur ambivalenten Verfassung von partizipatorischem Design, in Claudia Mareis, Matthias Held und Gesche Joost (Hrsg.), Wer gestaltet die Gestaltung? Praxis, Theorie und Geschichte des partizipatorischen Designs, Bielefeld: transcript, 9–20.

Mareis, Claudia, Matthias Held und Gesche Joost (Hrsg.) (2013): Wer gestaltet die Gestaltung? Praxis, Theorie und Geschichte des partizipatorischen Designs, Bielefeld: transcript.

Marx, Karl (1968): Das Kapital, Bd. I, Erster Abschnitt, „Die Ware", in ders. und Friedrich Engels: Werke, Bd. 23, Berlin/DDR: Dietz Verlag, 49–98.

Popitz, Heinrich (1992): Phänomene der Macht. 2., stark erweiterte Auflage, Tübingen: Mohr Siebeck.

Prinz, Sophia und Andreas Reckwitz (2012): Visual Studies, in Stephan Moebius (Hrsg.), Kultur. Von den Cultural Studies bis zu den Visual Studies. Eine Einführung, Bielefeld: transcript, 176–195.

Reckwitz, Andreas (2012): Die Erfindung der Kreativität. Zum Prozess gesellschaftlicher Ästhetisierung, Frankfurt am Main: Suhrkamp.

Rowles, Graham D. und Miriam Bernard (Hrsg.) (2013): Environmental gerontology. Making meaningful places in old age, New York: Springer.

Schober, Anna (2009): Ironie, Montage, Verfremdung. Ästhetische Taktiken und die politische Gestalt der Demokratie, München: Fink.

Schweppenhäuser, Gerhard (2016): Designtheorie, Wiesbaden: VS.

Simon, Herbert A. (1994): Die Wissenschaften vom Künstlichen. 2. Auflage, Wien, New York: Springer.

Sloterdijk, Peter (1999): Regeln für den Menschenpark. Ein Antwortschreiben zu Heideggers Brief über den Humanismus, Frankfurt am Main: Suhrkamp.

Sommer, Bernd und Harald Welzer (2014): Transformationsdesign. Wege in eine zukunftsfähige Moderne, München: Oekom.

Sullivan, Louis H. (1896): The Tall Office Building Artistically Considered, in: Lippincott's Magazine, 57, 403–409.

Tenbruck, Friedrich (1965): Jugend und Gesellschaft, Freiburg im Breisgau: Rombach.

von Borries, Friedrich (2016): Weltentwerfen. Eine politische Designtheorie, Frankfurt am Main: Suhrkamp.

Weber, Max (1980): Wirtschaft und Gesellschaft. Soziologische Grundbegriffe. 5. Auflage, Tübingen: J.C.B. Mohr.

The manufacturer's authorised representative in the EU is Springer
Nature Customer Service Centre GmbH, Europaplatz 3, 69115 Heidelberg,
Germany. If you have any concerns regarding our products, please
contact ProductSafety@springernature.com

Printed and bound by CPI Group (UK) Ltd, Croydon, CR0 4YY
27/04/2026
02097655-0007